바이킹의 땅,
북유럽

열다 지식을 열면, 지혜가 열립니다. 나만의 책을, 열다.

지식교양 모든 02 | 북유럽

바이킹의 땅, 북유럽

개정판 1쇄 발행 2013년 6월 15일
개정판 6쇄 발행 2017년 8월 30일

글 엄수연 | 그림 이해정 | 책임편집 박경선 | 디자인 공존

ⓒ 2012 엄수연
ISBN 978-89-93260-92-2 73920

열다 yeolda01@gmail.com

* 저작권법에 의하여 한국 내에서 보호를 받는 저작물이므로 무단 전재와 무단 복제를 금합니다.
* 이 도서의 국립중앙도서관 출판시도서목록(CIP)은 e-CIP홈페이지(http://www.nl.go.kr/ecip)와
  국가자료공동목록시스템(http://www.nl.go.kr/kolisnet)에서 이용하실 수 있습니다. (CIP제어번호 : CIP2013006449)
* 책값은 뒤표지에 있습니다.

발행처 ㈜한우리북스 | 출판신고 2006년 5월 12일 제312-2006-000026호
발행인 최명규 | 편집인 이대연 | 편집 이나영 | 디자인 여희숙 | 마케팅 백민열
주소 대한민국 서울시 영등포구 당산로 27길 16 한우리빌딩
전화 02-362-4704(편집) 02-362-4754(마케팅)
팩스 02-362-4750 | 전자우편 book@hanuribooks.co.kr

*10세 이상 어린이 제품   친환경 콩기름 잉크 사용

우리가 몰랐던 또 하나의 유럽

바이킹의 땅, 북유럽

글 엄수연 | 그림 이해정

열다

거친 땅에서 기적을 일군 바이킹과 그 후예들

우리는 지금 지도상의 거리와는 상관없이 하나로 이어진 세상에서 살고 있어. 유럽이나 미국, 중국의 경제가 어려워지면 우리 경제도 곧바로 영향을 받게 되지. 지구 반대편에서 일어나는 일이라고 해서 나와 상관없는 것이 아니란다. 우리 모두가 세계 속의 한 사람이기 때문이야.

우리나라에서 많은 사람이 세계로 나가고, 또 많은 외국 사람이 우리나라에 오듯이 이 책을 읽는 너희도 머지않아 전 세계를 누비게 될 거야. 그러려면 우리를 알리는 것도 필요하고 다른 나라를 제대로 이해하는 것도 중요해.

이 책에서 다루고 있는 북유럽의 스웨덴, 덴마크, 노르웨이 등은 우리한테 많이 알려지지 않은 나라들이야. 우리나라에서 멀리 떨어져 있고 미국이나 일본, 중국처럼 우리나라와 깊은 관계를 맺고 있지도 않아. 그러다 보니 북유럽 하면 대부분 먼 옛날 무시무시한 바이킹이 살던 땅을 떠올린단다. 또는 안데르센과 노벨상을 떠올리는 정도라고 할 수 있지.

그런데 오늘날 북유럽 나라들은 우리나라보다 훨씬 잘사는 선진국이야. 특히 사회 복지와 학교 교육이 잘 되어 있어서 많은 사람이 북유럽 나라들은 살기 좋은 나라라고 말해.

사실 유럽의 가장 북쪽 끝에 자리 잡은 북유럽은 농사짓기도 벅찬 춥고 척박한 지역이었어. 그래서 늘 유럽에서도 주변 나라로 여겨졌지. 아주 옛날 그리스와 로마 시대부터 15세기 무렵까지는 지중해 세계가 유럽의 중심이었고, 15세기 무렵부터는 에스파냐, 네덜

란드, 영국과 프랑스 등이 있는 서유럽이 유럽의 중심이었지.

그런데 넓고 풍요로운 땅에 자리 잡은 것도 아닌 북유럽 나라들은 어떻게 오늘날 세계에서 가장 살기 좋은 나라가 되었을까?

북유럽의 바이킹들은 일찍부터 과감한 개척 정신과 모험을 두려워하지 않는 도전 정신으로 열악한 환경을 이겨 냈단다. 바이킹들은 놀라운 조선술과 항해술을 바탕으로 유럽의 강과 바다를 누비며 정복과 교역 활동을 펼쳤지. 그리고 새로운 땅에 정착해 다양한 문화가 어우러지는 나라를 만들기도 했어. 바이킹이 만든 나라는 하나같이 자유롭고 평등한 사회였단다.

바이킹의 전통은 스웨덴, 덴마크 등이 한때 발트 해를 지배하며 유럽의 강국으로 이름을 떨치게 하는 힘이 되었어. 또 강대국의 틈바구니에서 수난을 겪던 시절에는 온 국민이 힘을 합쳐 위기를 이겨 내도록 용기를 북돋아 주었어. 그런가 하면 노벨, 안데르센, 뭉크, 시벨리우스, 난센 같은 뛰어난 과학자와 예술가, 탐험가를 키워 내는 바탕이 되었단다.

『바이킹의 땅, 북유럽』은 바이킹의 활동과 오늘날 북유럽을 일군 여러 사람들의 노력과 활동을 통해 북유럽의 역사와 독특한 문화를 더듬어 보는 책이야. 이 책을 읽으며 아직은 낯선 북유럽을 이해하고, 어려움을 이겨 내는 지식과 지혜를 얻을 수 있기를 기대해 본단다. 모쪼록 이 책을 마음껏 즐겼으면 좋겠구나.

엄 수 연

차례

1부 북유럽의 살아 있는 전설, 바이킹

1장 유럽 역사를 바꾼 바이킹 시대

1. 바이킹 시대의 시작   10
2. 유럽을 누빈 전사와 상인들   20
   - 정보 돋보기 : 아랍 사람이 본 바이킹 상인   29
3. 새로운 땅을 개척해 정착한 바이킹   30
4. 바이킹 시대의 끝   42
   - Q&A 역사 속 뒷이야기   52

2장 활기차고 흥미로운 바이킹의 세계

1. 가족과 일상생활   54
   - 정보 돋보기 : 바이킹의 놀라운 배 만드는 기술과 항해술   64
2. 자유롭고 평등한 사회   66
3. 활발한 교역 활동과 무역 도시   74
4. 바이킹의 신앙과 신화 세계   80
   - Q&A 역사 속 뒷이야기   88

2부 바이킹이 꿈꾸던 낙원을 이룬 후예들

1장 바이킹 후예들이 이룬 기적

1. 스칸디나비아 삼국의 등장과 발전　92
2. 발트 해를 둘러싼 경쟁　98
　　정보 돋보기 : 비운의 스웨덴 군함 바사 호　111
3. 시련을 딛고 다시 일어선 스칸디나비아　112
4. 다 함께 잘사는 꿈을 꾸는 나라들　122
　　정보 돋보기 : 오늘날의 북유럽 여러 나라　134
　　Q&A 역사 속 뒷이야기　136

2장 스칸디나비아 역사 속에 빛나는 별들

1. 혹독한 환경에서 키운 끈기와 독립 의지　138
2. 인간에 대한 사랑과 세계 평화를 위한 용기　146
3. 혹독하지만 아름다운 자연에서 꽃핀 환상과 모험의 세계　152
　　정보 돋보기 : 스칸디나비아를 닮은 동화 속 주인공들　158
4. 자연과 바이킹의 전통이 어우러진 예술　160
5. 위험을 두려워하지 않는 도전과 탐험 정신　168
6. 실용성에 바탕을 둔 창조 정신　176
　　정보 돋보기 : 죽음의 상인이 인류의 발전과 세계 평화를 꿈꾸며 만든 노벨상　183
　　Q&A 역사 속 뒷이야기　184

연표로 보는 북유럽의 역사　186
찾아보기　188

1부 북유럽의 살아 있는 전설, 바이킹

바이킹은 누구일까? 뿔 달린 투구를 쓰고 무시무시한 칼과 도끼를 휘두르는 해적이라고? 과연 그럴까? 바이킹은 유럽을 넘어 아시아와 아프리카까지 가서 무역을 하던 세계적 상인이었어. 또 콜럼버스보다 500년이나 먼저 아메리카에 다다른 탐험가였지. 그뿐이 아니야. 얼음이 떠다니는 거친 바다를 건너 그린란드와 아이슬란드를 발견한 것도 바이킹이야. 게다가 바이킹은 멋진 배를 만드는 기술자였고 험한 바다를 두려워하지 않는 용감한 탐험가이기도 했단다.

그럼 우리가 몰랐던 바이킹을 만나러 가 볼까?

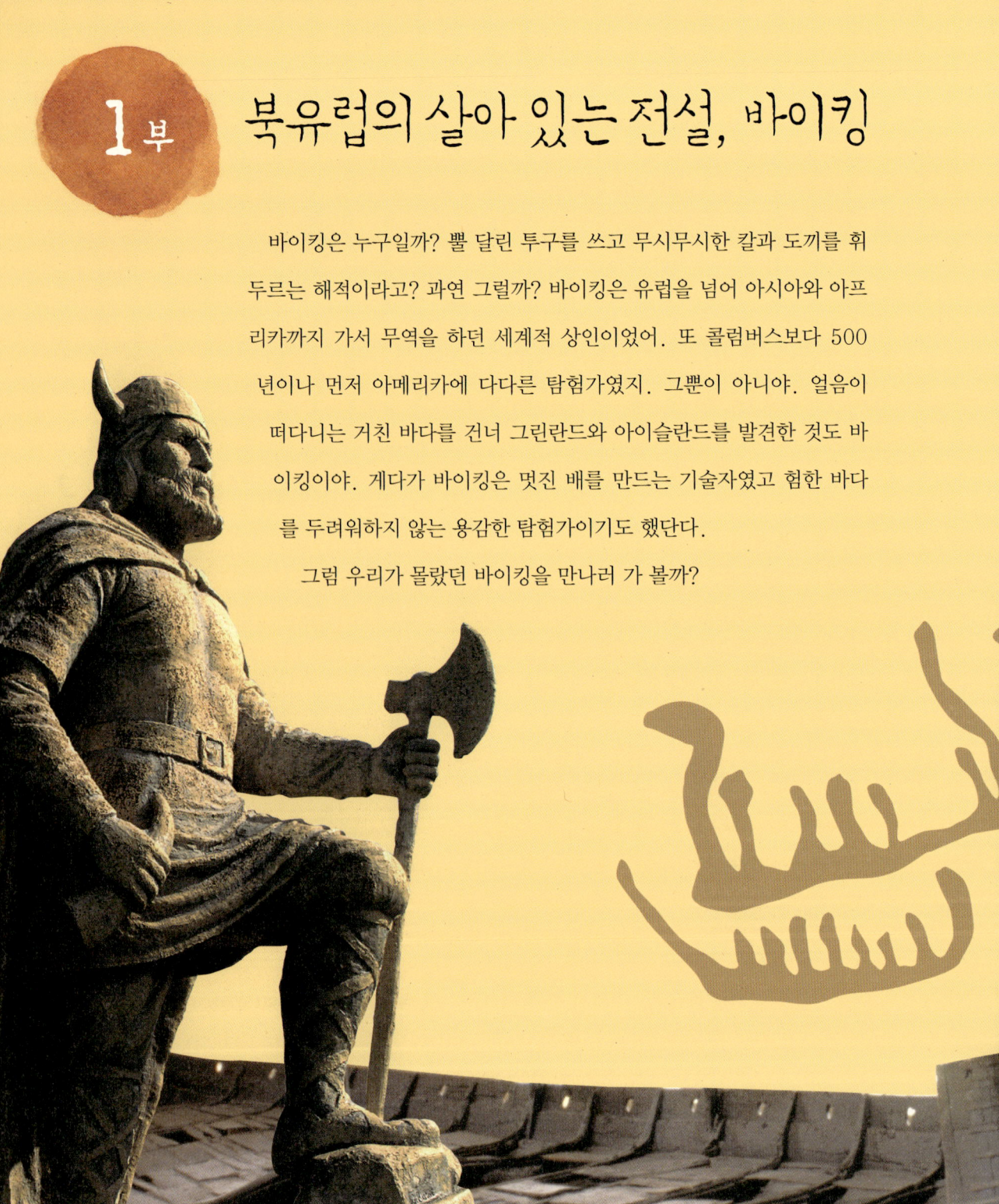

유럽 역사를 바꾼 바이킹 시대

바이킹 시대의 시작

스칸디나비아 사람들은 몹시 춥고 척박한 땅에서 살았어. 그래서 바다 너머에 있는 풍요로운 땅을 꿈꾸며 일찍부터 바다로 나섰지. 스칸디나비아 사람들은 살아남으려고 강인해졌고, 거친 바다를 두려워하지 않는 모험가가 되었단다. 이들이 바로 8세기 이후 250여 년 동안 유럽 세계를 뒤흔든 바이킹이란다. 이제 바이킹 시대가 언제, 어떻게 시작되었는지 그 궁금증을 함께 풀어 보자꾸나.

거친 땅에 사람이 살다

짙은 안개가 자주 끼고 물이 몹시 차가운 잿빛 바다인 북해 위로 쭉 뻗은 뾰죽한 반도가 있어. 바로 바이킹의 고향인 스칸디나비아야. 지금은 노르웨이와 스웨덴이 자리 잡고 있지.

그리고 유럽 대륙에서 스칸디나비아 반도를 향해 튀어나온 곳이 유틀란트 반도야. 덴마크가 있는 곳이지. 스칸디나비아 반도와 유틀란트 반도를 합쳐서 스칸디나비아 지방이라고 해.

스칸디나비아 반도는 험한 산과 눈보라가 치는 벌판, 구불구불한 *피오르 해안으로 이루어져 있어서 사람이 살 만한 땅이 별로 없어. 사람이 살지 않는 숲이 국토의 반 이상을 차지할 정도야.

그럼 유틀란트 반도는 어떨까? 유틀란트 반도는 스칸디나비아 반도에 견

피오르
빙하가 땅을 깎아 내려 생긴 골짜기에 바닷물이 들어와서 만들어졌다. 스칸디나비아의 피오르 해안선을 쭉 펴면 지구 반 바퀴를 두를 만큼 길다.

스칸디나비아 지방을 보여 주는 지도이다. 스칸디나비아 반도와 유틀란트 반도를 합쳐서 스칸디나비아 지방이라고 한다.

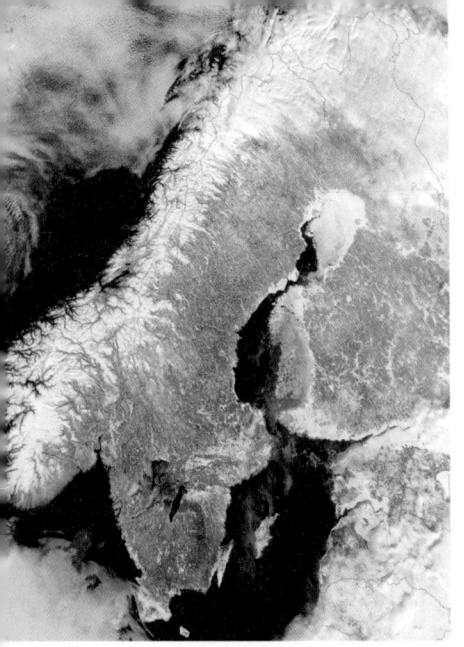

스칸디나비아 반도의 겨울 위성 사진이다. 눈과 얼음으로 뒤덮여 있다.

주어 보면 따뜻하고 평평한 땅이야. 가장 높은 산의 높이가 겨우 173미터래. 우리나라 한라산 높이가 1,950미터이니까 한라산의 10분의 1도 안 되는 셈이야.

유틀란트 반도는 살기가 좋을까? 그렇지 않아. 심한 추위는 없지만, 한여름 말고는 언제든지 기온이 영하로 떨어질 수 있거든. 거칠고 황량한 스칸디나비아 지방에 사람이 살기 시작한 것은 기원전 1만 년쯤이야. 그리고 기원전 3000년쯤부터는 러시아와 핀란드 지역에서 사람들이 건너왔어. 이들이 바로 오늘날 스칸디나비아 사람들의 조상이란다.

이 무렵 유럽 사람들은 스칸디나비아 사람들을 '노르만'이라고 불렀어. 노르만은 '북쪽 사람들'이라는 뜻이야. 스칸디나비아가 유럽의 북쪽 끝에 있어서 이렇게 부른 거지.

그런데 스칸디나비아 지방에는 농사지을 땅이 넉넉하지도 기름지지도 않았어. 게다가 곡식을 키우는 데 꼭 필요한 햇볕도 부족하지. 그러다 보니 스칸디나비아 사람들은 대개 해안 가까이에 있는 좁은 땅에서 농사를 짓고, 가축을 기르며 살았어. 또 모자란 먹을거리를 마련하려고 고기잡이를 하기도 했지.

어떤 사람들은 거친 파도를 헤치고 바다 건너로 장사를 떠나기도 했어. 북해 건너에 있는 아일랜드와 브리튼 섬 사람들과 물건을 사고팔고 했지. 그러다가 1세기 무렵부터는 브리튼 섬에 건너온 로마 인과도 무역을 했어.

그런데 바다를 건너가 장사를 하는 것은 몹시 위험한 일이었어. 그때는 요즘처럼 크고 튼튼한 배가 없었고, 방향을 알려 주는 나침반이나 제대로 된 지도도 없었거든. 그래서 종종 바다에서 길을 잃고 헤매거나, 거센 파도에 배가 뒤집히기도 했어. 게다가 북해에는 얼음덩어리가 둥둥 떠다녀 더욱 위험했어. 스칸디나비아 사람들이 바다를 마음껏 누볐던 건 시간이 좀 더 흘러서였지.

파도에 맞서 항해하는 두 척의 배를 새긴 로마 시대 대리석 조각이다. 스칸디나비아 사람들은 1세기 무렵부터 로마와 물건을 사고팔았다. 로마 상인들도 호박을 찾아 스칸디나비아를 방문하기도 했다.

롱십을 타고 바다를 누비다

8세기 무렵부터 스칸디나비아 지방에는 바다를 건너 모험을 떠나는 사람이 많아졌어. 스칸디나비아 사람들은 이들을 바이킹이라고 불렀어. 바이킹은 스칸디나비아 어 가운데 '떠나간다'는 뜻을 지닌 '이 바이킹(i viking)' 또는 '만'을 뜻하는 '비크'라는 말에서 나왔다고 알려져 있어.

그런데 이 무렵 왜 바이킹들이 많아졌을까? 그건 크게 두 가지 이유 때문이야. 첫째는 지구의 기온이 올라간 데 있어. 날씨가 따뜻해지면서 농사가 잘 되어 먹을 것이 늘어나자 굶어 죽는 사람이 점차 줄어들게 되었거든. 그래서 인구가 많이 늘어났지. 원래 농사지을 땅이 모자란 데다 사람까지 많아지니 농사지을 땅이 없는 사람이 크게 늘어났단다.

둘째는 살던 곳에서 쫓겨난 사람이 많아졌어. 이 무렵 스칸디나비아의 여러 부족 사이에 다툼이 잦았는데, 전쟁에 진 사람들은 대부분 땅을 빼앗기고 살던 곳을 떠나야 했어. 게다가 바이킹 세계에는 죄를 지은 사람을 쫓아내는 관습도 있었지.

이렇게 땅을 갖지 못한 농민, 싸움에서 지고 떠돌아다니는 사람, 죄를 짓고 고향에서 쫓겨난 사람 모두가 새로 정착할 땅을 찾아야 했어. 이들은 바다 건너에서 희망을 찾았어. 일찍부터 다른 나라와 교역을 하던 상인들이 북해 너머에 있는 브리튼 섬과 *프랑크 왕국에 관한 이야기를 전해 주었거든. 그곳에 풍요로운 땅과 부유한 수도원이 있다는 소식이 이들을 사로잡았지.

한편 스칸디나비아 지방은 바다로 둘러싸여 있는 데다가 해안은 구불구불해. 그리고 크고 작은 섬과 호수, 강도 많아. 이곳 사람들은 오래전부터 배를 타고 고기잡이를 하거나 섬, 호수, 강을 누비고 다녔어. 그래서 일찍부터 가볍고 빠른 배를 만드는 기술이 발달했지.

8세기 무렵 스칸디나비아 사람들은 새로운 배를 만들기 시작했어. 바로 돛을 단 길고 날씬한 배 '롱십'이야. 롱십은 길고 날씬한 데다 가벼워 물에 잠기는 부분이 1미터밖에 되지 않아서 바다 위에 떠서 파도를 타고 빠르게 나갈 수 있어.

프랑크 왕국
지금의 서유럽 지역에 있던 최초의 크리스트교 국가이다. 843년에 동프랑크(독일), 서프랑크(프랑스), 중프랑크(이탈리아)로 나뉘었다.

바다를 항해하는 롱십이다. 롱십은 가볍고 빠르면서 튼튼해 8세기 무렵부터 바이킹들이 바다를 마음껏 누빌 때 큰 도움이 되었다.

게다가 얕은 강에서도 쉽게 다니고, 해안에 정박하기도 쉬웠지. 또 15~30쌍의 많은 노 덕분에 무척 빨랐어. 롱십은 많은 사람을 한꺼번에 태울 수 있었고, 웬만한 파도에도 끄떡없는 튼튼한 배였어.

스칸디나비아 사람들은 롱십 덕분에 안전하고 빠르게 바다 건너 더 멀리 갈 수 있게 되었어. 게다가 항해술도 뛰어나서 거친 북해의 거센 파도와 위험한 빙산도 문제없었지.

바이킹들은 오랫동안 꿈꾸던 풍요로운 땅과 재물을 찾아 수십 명씩 무리를 지어 서너 척의 롱십을 타고 앞다투어 지금의 영국이 있는 브리튼 섬과 프랑크 왕국으로 향했어. 그리고 마을을 약탈해 재물을 빼앗았지.

롱십을 탄 바이킹의 재빠른 공격에 해안 마을 사람들은 꼼짝없이 당할 수밖에 없었지. 그러면서 유럽을 뒤흔든 바이킹의 시대가 서서히 열렸어.

바다 건너 보물을 찾아 나서다

793년 6월 3일, 바이킹들이 탄 배 세 척이 린디스판으로 갔어. 뱃머리에는 용머리 조각이 하늘로 치솟아 있었고, 배 옆면에는 여러 빛깔의 둥근 방패가 줄지어 걸려 있었지. 배가 해안에 다다르자마자 100여 명의 바이킹이 도끼와 칼을 휘두르며 마을로 쳐들어갔어. 린디스판의 마을은 눈 깜짝할 사이에 아수라장이 되었지.

바이킹들은 마을 여기저기에 불을 질렀어. 수도사들을 죽이고 보물도 빼앗았어. 그리고 마을 사람들을 잡아갔지. 이 사건으로 바이킹은 무시무시한

스칸디나비아와 발트 해 지도이다. 스웨덴 선교사이자 지도 제작자인 올라우스 마그누스가 1539년 이탈리아에 머물 때 제작했다. 스칸디나비아 반도의 구불구불한 해안과 많은 섬, 강, 호수 때문에 스칸디나비아의 배 만드는 기술은 일찍부터 발달했다.

> **샤를마뉴 왕**
> 프랑크 왕국의 두 번째 왕으로 샤를은 이름이고 마뉴는 '위대한'이라는 뜻이다. 지금의 프랑스, 독일, 이탈리아 지방을 모두 정복해서 대제국을 만들고 황제가 되었다. 유럽에 크리스트교를 널리 알렸으며, 학문과 문화를 장려했다.

약탈자로 전 유럽에 이름을 알리게 되었단다.

이때 한 수도사는 바이킹의 습격을 세상의 종말을 알리는 징조로 생각했대.

"이 해 노섬브리아 지역에 끔찍한 일이 벌어질 징조가 나타나서 사람들이 겁에 질렸다. 하늘에서 번갯불이 번쩍였고, 불을 뿜는 용이 날아다녔다. 곧이어 엄청난 기근이 닥쳤다. 얼마 지나지 않아 이교도들이 떼로 몰려와 린디스판에 있는 하느님의 교회를 부수고, 약탈과 살인을 했다."

린디스판 섬 약탈을 시작으로 바이킹은 브리튼 섬과 프랑크 왕국의 해안을 마구 휘젓고 다녔어. 그때 프랑크 왕국은 *샤를마뉴 왕이 다스리고 있었어. 샤를마뉴 왕은 강력한 군대를 거느리며, 이웃의 여러 나라를 정복하며 한창 이름을 떨치고 있었지. 그러다 보니 바이킹도 프랑크 왕국을 쉽게 넘보지 못했어. 하지만 북해를 건너 약탈에 나서는 바이킹은 시간이 갈수록 늘어났어. 그러면서 브리튼 섬과 프랑크 왕국 곳곳의 수도원이 파괴되고 마을이 불타는 등 피해가 나날이 커져 갔단다.

브리튼 섬과 프랑크 왕국 사람들은 수도원을 공격해 보물을 빼앗아 가는 바이킹

린디스판 습격 장면을 새긴 조각품이다. 793년 바이킹은 브리튼 섬 주변의 작은 섬인 린디스판을 공격해 재물을 약탈하고 수도원을 파괴했다.

을 악마의 무리라고 생각했어. 프랑크 왕국의 수도사는 "바이킹이 하느님의 성전에 모신 성인의 유골을 거리의 개똥처럼 마구 짓밟았다."고 한탄했지.

그런데 바이킹이 특별히 크리스트교를 싫어해서 수도원을 공격한 건 아니야. 수도원에 보석을 박은 성경책이나 귀금속으로 장식한 십자가같이 값비싼 보물이 많아서였지.

게다가 수도사들이 싸움을 잘 못하니까 공격하기가 쉬웠던 거야. 성인의 유골은 바이킹들이 보기에 값어치가 없으니까 함부로 다루었던 거고. 아마 바이킹이 성인의 유골이 아주 비싼 보물이라는 것을 알았다면 크리스트교 신자보다 더 소중히 유골을 다루었을 거야.

마을을 약탈하는 바이킹 모습을 그린 그림이다. 린디스판 습격 이후 바이킹들은 떼를 지어 브리튼 섬과 프랑크 왕국 해안 마을을 습격해 약탈을 일삼았다.

유럽을 누빈 전사와 상인들

9세기 무렵부터 바이킹의 침략은 더욱 과감해지고 거세졌어. 바이킹은 큰 무리를 지어 브리튼 섬과 프랑크 왕국뿐 아니라 비잔티움 제국까지 공격했어. 또 전 유럽의 강과 바다를 누비며 여러 나라를 상대로 무역을 했지. 그러다가 지금의 영국과 프랑스, 러시아 등 유럽 곳곳에 눌러살기 시작했지. 바이킹의 약탈과 정복은 9세기 내내 이어졌어. 그러는 동안 유럽에는 크고 작은 변화가 생겼어.

아일랜드와 브리튼 섬 정복에 나서다

9세기 중반, 데인 족으로 이루어진 수만 명의 바이킹 원정대가 수백 척의 배를 타고 가서 브리튼 섬을 공격했어. 데인 족이 살던 유틀란트 반도는 스칸디나비아 반도보다 따뜻하고 농사지을 땅도 넓었어. 그래서 스칸디나비아 반도 사람들보다 큰 부족을 이루어 살았고, 전사들도 많았던 거야.

브리튼 섬으로 건너온 데인 족은 몇 명만 남아서 배를 지키고, 나머지는 마을을 휩쓸며 재물과 먹을거리를 빼앗았어. 그러다가 차츰 브리튼 곳곳에 요새를 만들어 머물기 시작했어. 그 뒤로 데인 족은 얕은 물에서도 잘 뜨는 작은 바이킹 배를 타고 브리튼 섬을 마음껏 휘젓고 다니며, 더 많은 지역을 약탈할 수 있게 되었지. 차츰 해안가의 작은 마을뿐 아니라 큰 도시도 바이킹의 손에 넘어가게 되었단다.

앨프레드 왕
9세기 말 브리튼 섬 남서쪽 웨식스에 있던 작은 나라의 왕이었다. 데인 족과 끝까지 싸워 데인 족의 지배를 받지 않은 모든 영국 인의 왕이 되었다. 정치와 문화를 비롯해 영국의 기초를 만든 왕으로 존경받고 있다.

이 무렵 브리튼 섬에 앵글 족과 색슨 족이 세운 일곱 개의 작은 나라가 있었는데, 서로 싸우느라 힘이 약했어.

데인 족은 말을 타고 싸우는 강한 전투 능력과 도끼와 긴 칼 같은 무시무시한 무기를 비롯해 갑옷과 방패를 갖추고 브리튼 섬의 작은 나라들을 하나씩 정복했지. 결국 9세기 중반에 데인 족은 브리튼 섬과 그 옆에 있는 아일랜드 대부분을 차지했어.

그런데 브리튼 섬 남쪽 웨식스를 다스리던 *앨프레드 왕은 데인 족에 맞서 끝까지 싸웠어. 처음에는 앨프레드 왕도 데인 족한테 쫓기어 다니는 신세였대. 하지만 포기하지 않고 흩어진 병사들을 모아 곳곳에서 데인 족과 끈질기게 싸웠지. 마침내 브리튼 섬의 남쪽에서 데인 족을 몰아냈어.

데인 족과 앨프레드 왕의 군대는 십 년 넘게 싸웠어. 그러다가 886년 평화 조약을 맺었단다. 이 조약으로 데인 족이 브리튼 섬의 북쪽 지방을 차지했어.

그리고 남쪽 대부분은 앨프레드 왕이 다스리게 되었지. 브리튼 섬의 북쪽을 차지한 데인 족은 이후 약 100년 동안 평화롭게 살았단다.

데인 족의 브리튼 섬 습격 장면을 그린 그림이다. 9세기 초 데인 족 대군은 배를 타고 브리튼 섬에 도착해서 십여 년 넘게 브리튼 섬을 휘젓고 다녔다.

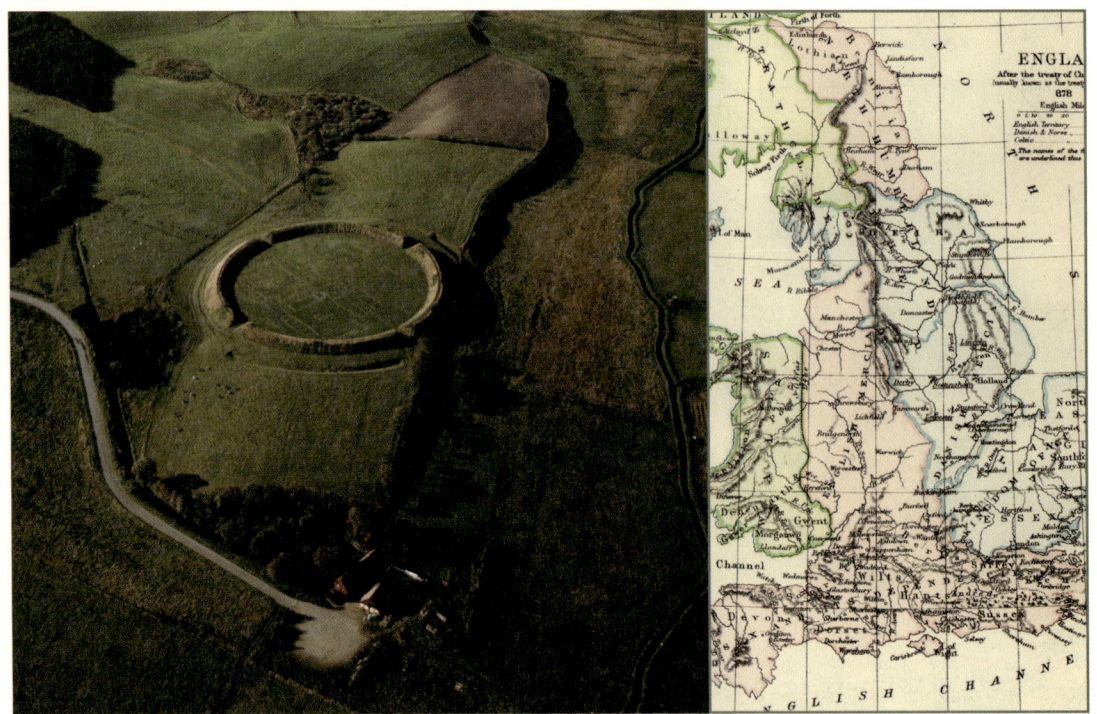

왼쪽은 영국의 바이킹 요새 유적이다. 오른쪽은 9세기 무렵 데인 족의 영역이 드러난 지도이다. 지도에 하늘색으로 칠해진 부분이 데인 족이 다스리던 지역이다. 9세기 무렵, 영국 약탈에 나선 데인 족은 차츰 영국에 근거지를 마련하고 주변 지역으로 세력을 넓혀 나갔다.

프랑크 왕국을 위협하다

 브리튼 섬을 휘젓고 다닌 데인 족은 스칸디나비아와 가까운 곳에 있는 프랑크 왕국도 자주 공격했어. 하지만 샤를마뉴 왕이 지키는 프랑크 왕국은 만만치 않았단다. 데인 족은 번번이 샤를마뉴 왕한테 지고 말았지.
 그러던 가운데 데인 족한테 좋은 기회가 찾아왔어. 샤를마뉴 왕이 죽은 뒤 프랑크 왕국의 힘이 약해진 거야. 프랑크 왕국을 나누어 물려받은 샤를마뉴 왕의 아들들은 서로 더 많은 땅을 차지하려고 다투었어. 데인 족은 이때를

안 놓치고 프랑크 왕국으로 쳐들어갔어.

　샤를마뉴 왕이 없는 프랑크 왕국은 데인 족의 상대가 되지 않았지. 데인 족은 프랑크 왕국 곳곳의 방어 시설을 무너뜨리고, 마을들을 마음껏 약탈했어. 그런가 하면 수많은 사람을 끌고 가 노예로 팔아넘겼지. 또 프랑크 왕국의 왕이나 영주들과 협상을 벌여 약탈하지 않는다는 조건으로 엄청난 돈을 받기도 했단다.

부르고뉴
파리 남동쪽에 있는 지방이다. 예전부터 농사가 발달한 지역이다. 지금도 고급 포도주가 생산되는 곳으로 널리 알려져 있다.

　이런 소문이 퍼지자 점점 더 많은 데인 족이 프랑크 왕국으로 몰려갔어. 마침내 885년 11월의 어느 겨울날, 바이킹 4만여 명이 센 강을 거슬러 올라가 파리를 에워쌌어. 자그마치 700여 대의 바이킹 배가 센 강을 가득 메워 강물이 안 보일 정도였대. 데인 족뿐 아니라 스칸디나비아와 브리튼 섬에서 온 바이킹들까지 뒤섞여 있었지.

　당시 파리는 센 강의 섬에 있는 작은 요새 마을이었어. 하지만 데인 족이 노리는 기름진 땅인 *부르고뉴에 가려면 그 길목을 지키고 있는 파리를 차지해야 했지.

　데인 족은 파리의 성곽을 에워싸고 맹렬하게 공격했어. 성에서 화살과 돌이 소나기처럼 쏟아졌지. 하루가 멀다 하고 전투가 벌어졌어. 파리를 지키는 프랑크 왕국 병사들은 숫자는 적었지만 거세게 저항했어. 데인 족은 성문을 뚫지 못하고 죽고 다치는 희생자만 갈수록 늘어 갔어.

　그러자 데인 족의 지도자는 센 강 둘레에 머물면서 작은 전투만 벌이는 것으로 작전을 바꾸었어. 거의 일 년이나 파리를 둘러싼 채 끈질기게 기다렸지. 그러는 동안 파리에 전염병이 퍼져 많은 사람이 죽고, 파리를 지키는 병사들도 지쳐갔지. 마침내 데인 족 지도자와 프랑크 왕국의 왕이 협상을 맺었어.

그렇게 해서 데인 족이 파리를 지나 프랑크 왕국 안쪽으로 들어갔어. 그리고 원하는 대로 약탈할 수 있는 권리를 인정받았지. 단, 한겨울에만 약탈하고 다음 해 봄에는 떠나는 조건이었어.

그 뒤에도 바이킹의 침략은 갈수록 심해졌어. 거의 50년 동안 프랑크 왕국

바이킹의 파리 포위 장면을 그린 그림이다. 885년 4만여 명의 바이킹이 수백 척의 배로 파리의 성곽을 에워싸고 공격을 퍼부었다. 일 년 이상 계속된 파리 포위 공격 끝에 데인 족은 파리의 항복을 받아 냈다.

바이킹의 술잔은 적의 머리뼈?

바이킹이 사람의 머리뼈를 술잔으로 썼다는 이야기가 전해 내려오고 있어. 하지만 바이킹 유적 가운데 머리뼈 술잔은 없단다. 적군의 머리뼈를 술잔으로 쓴 민족으로는 게르만 일부 부족과 훈족이 있어. 이들의 풍습이 바이킹의 풍습으로 잘못 전해진 거지. 바이킹을 무서워한 사람들이 무서운 풍습은 모두 바이킹의 것으로 생각했나 봐.

대부분 지역에서 큰 수도원과 도시들이 약탈당했지. 바이킹을 피하느라 많은 사람들이 피난을 가서 지금의 네덜란드와 프랑스 서북부의 넓은 지역이 황무지로 바뀔 정도였단다.

하지만 바이킹은 그 무렵 프랑크 사람들이 생각한 것처럼 '피에 굶주린 야만적인 짐승'이 아니었어. 자신들의 피해는 최소한으로 줄이면서 원하는 것을 얻어 가는 뛰어난 전술가였단다.

유럽의 바다와 강을 누비며 교역을 하다

덴마크와 노르웨이 바이킹들이 서유럽을 휩쓰는 동안, 스칸디나비아 반도 동쪽에 살던 스웨덴 출신 바이킹들은 발트 해를 건너 동유럽으로 갔어. 그들은 무역과 약탈을 하면서 차츰 더 동쪽으로 나아갔지. 당시 동유럽에는 슬라브 사람들이 많이 살았는데, 그들은 스웨덴 바이킹을 '루스'라고 불렀어.

루스는 오늘날의 동유럽 곳곳에 교역소를 세웠어. 볼가 강과 드네프르 강

루스의 라고다 교역소이다. 루스라 불린 스웨덴 바이킹은 라고다를 비롯해 동유럽 볼가 강과 드네프르 강 둘레 여러 곳에 교역소를 세우고 슬라브 족과 아랍 상인들을 상대로 교역을 했다.

어귀의 볼가르와 키예프, 노브고로드 등이 이 무렵 루스가 세운 대표적인 교역소란다. 이렇게 만든 교역소에서 루스들은 주변의 슬라브 족이 가져온 털가죽, 꿀, 밀랍을 황금, 비단, 포도주, 노예들과 맞바꾸었어. 그리고 강을 따라 이동하는 동안에는 교역소에 안전하게 상품을 보관했다가 한꺼번에 스칸디나비아로 보냈지.

그뿐 아니라 루스들은 때로는 볼가 강과 드네프르 강을 따라 내려가 *비잔티움 제국, 이슬람 제국과 직접 교역하기도 했어. 두 나라는 이 무렵 세계에서 문명이 매우 앞선 데다 풍부한 재물까지 지녀 이름을 떨치고 있었거든.

이때 루스들은 보통 바이킹 배보다 작은 통나무배를 이용했어. 통나무배는 이름

그대로 통나무의 속을 파내 만든 배야. 얕은 강에서 배를 타고 가다가 땅 위로 이동할 때면 배를 끌고 가야 해서 작은 배를 이용한 거지.

통나무배는 크기가 작아도 속도는 빨랐어. 바람의 힘을 얻어 빨리 나갈 수 있게 돛을 달았거든. 또 육지에서 이동할 때는 바닥에 통나무를 괴어서 배를 끌었어. 데인 족도 영국 깊숙이 쳐들어갈 때 이 방법으로 배를 끌고 갔지. 이렇게 이동하는 바이킹의 모습을 보고 사람들이 "바이킹은 배에 바퀴를 달아서 물과 육지를 가리지 않고 간다."며 신기해했대. 그런데 루스들이 평화롭게 무역만 한 게 아니야. 그들도 다른 바이킹처럼 무서운 전사였어. 이들은 교역소인 키예프와 노브고로드를 중심으로 나라를 세우고, 주변을 정복하며 세력을 넓혀 나갔단다.

10세기 초, 키예프의 루스 지도자는 수만 명의 군대를 이끌고 흑해를 건너서 비잔티움 제국을 공격했어. 루스의 공격에 겁을 먹은 비잔티움 제국 황제는 많은 돈을 주며 루스의 지도자한테 화해를 하자고 했지.

> **비잔티움 제국**
> 395년 로마 제국의 테오도시우스 황제가 두 아들한테 나라를 동서로 나누어 다스리게 한 뒤, 로마 제국은 동로마 제국과 서로마 제국으로 나뉘었다. 서로마 제국이 멸망한 뒤에도 살아남은 동로마 제국은 7세기 무렵부터 비잔티움 제국으로 불렸다.

키예프의 지도자 올레그가 루스군을 이끌고 비잔티움 제국의 수도인 콘스탄티노플을 공격하는 모습이다.

비잔틴 황제를 지키는 바랑 근위대를 그린 그림이다. 많은 바이킹이 기회의 땅인 비잔티움 제국으로 몰려가 용병으로 일했다. 그 가운데에는 비잔틴 황제의 바랑 근위대에서 이름을 떨친 사람도 많았다.

그 뒤 수많은 바이킹이 루스의 뒤를 따라 비잔티움 제국으로 건너가 용병으로 일했어. 이들한테 비잔티움 제국은 큰돈을 모으고 성공할 수 있는 기회의 땅이었거든. 바이킹 전사들은 비잔티움 제국에서도 이름을 날렸어. 그 가운데 황제를 지키는 근위대가 으뜸이었어.

바이킹 용병이 중심이 된 황제 근위대는 바랑 근위대라고 불렀는데, 비잔티움 제국의 다른 군대와 달리 도끼로 무장을 한 것이 특징이었지. 바랑 근위대는 여러 전쟁에서 큰 공을 세워 비잔티움 제국 황제한테 '최고의 동반자'라는 칭호를 받았단다.

나중에 노르웨이 왕이 된 하랄도 바랑 근위대에서 이름을 떨쳤어. 하랄은 노르웨이 왕이었던 형이 다른 귀족들 때문에 쫓겨나자 달아나야 했어. 키예프를 거쳐 비잔티움 제국으로 간 하랄은 많은 전투에서 승리를 거두고, 엄청난 전리품을 가져와 영웅이 되었지. 하랄은 키예프의 공주와 결혼한 뒤 다시 노르웨이로 돌아가 왕이 되었어.

아랍 사람이 본 바이킹 상인

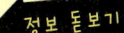

922년 볼가 강 근처 볼가르에서 아랍 사람 이븐 파들란은 장사를 하러 온 루스들을 만났어. 파들란은 자기가 만난 루스에 대해 자세한 기록을 남겼어. 아랍 인의 눈에 바이킹은 어떻게 보였을까?

파들란은 루스들의 위풍당당한 모습에 놀랐대. 자기가 본 사람 가운데 몸이 가장 완벽하다고 했어. 키는 종려나무처럼 컸고, 머리는 금발에다 얼굴은 붉었대. 스칸디나비아의 바이킹 족은 대부분 유럽 사람보다 키가 컸거든. 게다가 몸에 까만 문신을 그려 넣은 사람도 많았어.

아랍 상인과 교역하는 루스의 모습을 그린 기록화이다.

또 파들란은 바이킹이 도끼나 칼, 단검을 늘 가지고 다녔고, 화려한 장신구로 몸을 꾸미기 좋아했다는 기록도 남겼어. 그리고 파들란은 바이킹들이 잘 씻지 않고, 아무 데서나 함부로 대소변을 본다며, 바이킹은 세상에서 가장 지저분한 사람들이고, 하는 짓이 꼭 '야생 당나귀' 같다고 흉을 보기도 했단다.

루스들은 배에다 바다표범이나 담비같이 추운 지방에 사는 동물의 털가죽과 노예들을 가득 싣고 왔대. 그리고 빵과 우유, 양파, 고기, 술 같은 음식을 가지고 자신들의 신을 모신 곳으로 갔단다. 루스들이 자주 오는 무역 도시에는 바이킹의 신을 모시는 장소가 만들어져 있었나 봐.

루스는 가져온 음식을 신에게 바치고 장사가 잘되게 해 달라고 기도를 드렸대.

"저에게 디르함과 디나르 같은 은화를 많이 가진 아랍 상인을 인도해 주십시오. 그 상인이 제가 파는 물건을 모두 사 가고, 어떤 일로도 저와 다투지 않게 해 주십시오."

새로운 땅을 개척해 정착한 바이킹

유럽을 거침없이 휘젓고 다니던 바이킹은 10세기부터 사람이 안 살거나 인구가 적은 곳을 정복해 정착하기 시작했어. 아이슬란드, 그린란드, 노브고로드 공국이 바이킹의 땅이 되었단다.

그런가 하면 프랑스의 노르망디나 이탈리아의 시칠리아에도 바이킹의 나라를 세웠어. 바이킹들이 유럽 곳곳에 자리 잡으면서 바이킹의 생활 방식과 문화가 유럽으로 퍼져 나갔어.

노르망디와 시칠리아의 새 주인이 되다

9세기 말에 롤로가 이끄는 바이킹 대군이 서프랑크 왕국의 해안에 다다랐어. 롤로는 이전에 데인 족의 파리 포위 공격에 함께했었어. 그리고 다시 자기를 따르는 군대를 이끌고 서프랑크 왕국을 침략한 거야. 롤로의 대군은 순식간에 센 강 하류 지방을 차지하고, 파리까지 포위했어.

그런 다음 롤로는 서프랑크 왕국을 다스리던 샤를 3세와 협상을 했단다. 샤를 3세는 롤로한테 자신의 신하가 되면 센 강 하류 지역을 주겠다고 했어. 롤로를 앞세워 다른 바이킹의 침략을 막을 생각이었지.

게다가 샤를 3세는 프랑크 왕국의 귀족들한테 왕의 자리를 위협받고 있었어. 그래서 싸움 잘하는 바이킹 전사를 거느린 롤로를 자기편으로 끌어들여서 도움을 받으려는 속셈도 있었던 거야.

롤로는 샤를 3세의 제안을 받아들였어. 위험을 무릅쓰고 약탈하는 대신 자신의 땅을 가진 영주가 되기로 한 거지. 이렇게 해서 롤로가 다스리게 된 땅을 노르망디 *공국이라고 해. '노르만 사람들의 *영지'라는 뜻으로 붙인 이름이야.

그런데 롤로가 노르망디 공작이 될 때 재미있는 일이 있었대. 프랑크 왕의 신하가 되려면 충성의 표시로 왕의 발에 입을 맞추어야 했어. 하지만 롤로는 자존심 강한 바이킹이어서 도저히 땅에 엎드려 왕의 발에 입을 맞출 수 없었지.

그래서 롤로의 부하가 대신 하기로 했는데, 부하라도 바이킹의 자존심이 없을 리가 없지. 롤로의 부하는 발에 입은 맞추더라도 바닥에 엎드릴 수는 없다며 왕의 발을 번쩍 들어 올렸대. 결국 프랑크 왕은 뒤로 넘어져 버렸지.

이 일이 사실이 아니라고 하는 사람도 있지만, 그 무렵 노르망디에는 자존심을 굽히지 않는 바이킹 이야기가 널리 퍼졌어.

그 뒤 롤로는 20년 동안 노르망디 공국을 다스리며 다른 바이킹들이 프랑크 왕국을 쳐들어오지 못하게 막았어. 그리

> **공국**
> 왕이 아닌 공작이 다스리는 나라이다. 보통 왕국보다는 규모가 작다. 공국을 다스리는 공작은 왕한테 충성을 맹세하고 공작으로 인정받는다.
>
> **영지**
> 작위를 받은 귀족이나 기사가 다스리는 땅이다. 영지를 다스리는 사람을 영주라고 한다. 영주는 자신의 영지를 다스릴 때 왕의 간섭을 거의 받지 않았다.

롤로이다. 노르망디 공작이 된 뒤 프랑크 왕국의 갑옷을 입고 있다.

시칠리아 왕국의 성이다. 노르만의 기사 가문인 오트빌 가문은 남부 이탈리아 지역에 나라를 세우고 100여 년 넘게 번영을 누렸다.

는 동안 롤로를 따라 노르망디 공국에 눌러앉은 바이킹들은 프랑크 왕국 여자들과 결혼하고 크리스트교를 믿으며 차츰 프랑크 사람이 되어 갔단다.

시간이 흐르는 동안 노르망디 공국의 힘은 점점 커졌어. 그리고 100여 년 뒤 롤로의 후손으로 노르망디 공작이 된 기욤 2세는 군대를 이끌고 영국에 건너가 1066년에 영국의 왕 *윌리엄 1세가 되었어. 바이킹의 후손이 다시 영국을 지배하게 된 거지.

이 무렵, 노르망디 오트빌 가문의 바이킹들은 지중해로 갔어. 이들은 처음에 이탈리아 반도의 여러 도시 국가에서 용병으로 일하다가 차츰 힘을 키워 1072년에는 시칠리아와 이탈리아 반도 남부에 시칠리아 왕국을 세웠단다. 그리고 계속 영토를 넓혀 나중에는 이탈리아 반도의 약 3분의 1을 차지했지. 또 지중해의 몰타와 아프리카 북부 해안의 도시도 정복했어.

그 뒤 시칠리아 왕국은 100여 년 동안 지중해 지역에 버티고 서서 이슬람 세력이 유럽에 쳐들어오지 못하게 막아 주었어.

그런데 시칠리아 왕국에는 오래전부터 이탈리아 인, 유대 인, 아랍 인, 그리스 인, 게르만 인, 노르만 인이 섞여 살았어. 그리고 이들은 이슬람교, 크리스트교, *그리스 정교, 유대교 등 여러 종교를 갖고 있었단다.

시칠리아 왕국의 군주들은 이슬람 세력과 맞서 싸우는 동안에도 다른 크리스트교 나라와 달리 종교나 인종에 따른 차별을 하지 않았어. 그래서 시칠리아 왕국에는 여러 문화, 종교, 언어가 뒤섞여 유럽 어느 나라보다 활기가 넘쳤단다. 자기의 문화나 종교만 고집하지 않고, 자유롭게 세계를 누빈 바이킹의 전통이 시칠리아에서 아름답게 피어난 거야.

윌리엄 1세
11세기 중반 영국 노르만 왕조의 첫 번째 왕이다. 영국 왕 에드워드가 후계자 없이 죽자 영국을 침략했다. 노르웨이의 하랄 왕, 웨식스의 백작 해럴드와 싸워 이기고 영국의 왕이 되었다. '정복 왕'이라고 불린다.

그리스 정교
크리스트교의 하나로, 비잔티움 제국의 국교였다. 교황을 최고의 성직자로 삼는 서유럽의 가톨릭과 대립했다. 비잔티움 제국이 예전에 그리스가 다스리던 지역에 자리 잡았기 때문에 그리스 정교라고 불렀다.

불과 얼음의 땅 아이슬란드에 정착촌을 만들다

9세기 중반에 노르웨이 출신의 바이킹인 프로키가 스칸디나비아 반도 북쪽으로 항해하다 섬 하나를 발견했어. 프로키는 그 섬에 '얼음의 땅'이라는 뜻인 아이슬란드라는 이름을 붙였지. 그리고 고향에 돌아와 아이슬란드에 관한 이야기를 퍼뜨렸어.

그로부터 몇 년이 지난 874년, 인골푸르와 레이브라는 노르웨이 바이킹이 가족과 노예, 이웃과 함께 아이슬란드로 건너갔어. 살인을 저질러 노르웨이에서 쫓겨난 두 사람은 새로 살 곳을 찾다가 소문으로 듣던 아이슬란드에 가기로 한 거야.

인골푸르가 정착한 땅은 지금의 아이슬란드 수도인 레이캬비크 근처야.

16세기 무렵 아이슬란드의 고지도이다. 화산과 얼음의 섬 아이슬란드의 모습이 생생하게 그려져 있다.

노르웨이 하랄 왕의 정복 전쟁 기념 조각이다. 10세기 초, 노르웨이의 하랄 왕은 정복 전쟁을 펼쳐 여러 부족을 통일했다.

레이캬비크는 '연기가 많은 만'이라는 뜻으로, 화산 분화구 가까이에 있는 탓에 이름처럼 온천과 유황천에서 솟아오른 수증기가 들판에 자욱했어. 게다가 바다에서 짙은 안개까지 몰려와 주위가 온통 연기로 가득 찬 것처럼 보였지.

인골푸르는 자기가 배에서 던진 나무 기둥이 닿은 곳을 신이 정해 준 땅이라고 여겼단다. 그래서 연기가 가득한 땅이지만 정착하여, 거친 땅을 일구는 데 온갖 정성을 다했어.

그 뒤 많은 바이킹이 노르웨이에서 아이슬란드로 건너왔어. 이때 노르웨이에서는 하랄 왕이 여러 부족을 정복하고 나라를 통일했단다. 그러자 하랄 왕과 심하게 싸운 족장이나 왕을 따르기 싫어한 사람들이 노르웨이를 떠나 아이슬란드로 건너온 거야. 또 노르웨이의 인구가 늘어나 농사지을 땅이 모자라지자 새로운 땅을 찾아 건너온 사람도 있었어. 그 밖에 스칸디나비아 반도의 다른 나라 사람들도 아이슬란드로 건너왔어.

그리하여 50여 년 뒤인 930년쯤에는 아이슬란드 인구가 거의 2만 명이 되었대. 그동안 아이슬란드 곳곳에 크고 작은 정착촌이 들어섰고, 주민들이 뽑은 지도자가 정착촌을 이끌었어. 지도자는 정착촌의 법관 노릇을 하고, 신의 뜻을 알려 주는 성직자 역할도 했단다.

한편, 아이슬란드 바이킹들은 정착촌 사이에 다툼이나 문제가 생기면 싱을 통해 해결했어. 싱은 마을의 작은 의회와 비슷한 것으로, 자유민들이 모여 마을의 중요한 일을 결정하던 바이킹의 전통에서 시작되었어. 아이슬란

알싱이 열린 장소이다. 알싱이 열리면 사람들은 법의 바위 위에 올라 자신의 의견을 주장했다.
아이슬란드 수도인 레이캬비크 동쪽 팅벨리르에 있다.

드에는 이런 싱이 모두 네 개가 있었다고 해.

아이슬란드 바이킹들은 10세기 초에 나라를 만들었어. 하지만 다른 나라와 달리 왕을 뽑지 않았어. 아이슬란드에 정착한 바이킹들은 하랄 왕을 따르기 싫어 바다를 건너온 사람들이었잖아. 그러니 새삼스럽게 왕을 뽑아 따를 생각이 없었지.

그 대신 아이슬란드 바이킹들은 온 나라의 자유민들이 모여 나라의 중요한 일을 결정하는 알싱을 만들었어. 오늘날로 치면 국회하고 비슷하다고 할 수 있어.

알싱에서는 한 해 동안 일어난 정착촌 사이의 다툼이나 범죄자 처벌 그리고 나라의 중요한 문제를 두고 토론으로 결정했어. 아이슬란드가 크리스트교를 받아들일지 말지 결정한 것도 알싱에서였단다.

그린란드와 빈란드를 발견하다

북극 가까이에 세계에서 가장 큰 섬 그린란드가 있어. 우리나라보다 스물한 배쯤 더 커. 그렇지만 80퍼센트가 넘는 땅이 빙하로 덮여 있어서 인구가 아주 적단다. 그런데 왜 이 섬을 '초록 땅'이라는 뜻의 그린란드라고 할까?

이 섬에 그린란드라는 이름을 붙인 사람은 붉은 수염 에리크라는 바이킹이야. 에리크는 아이슬란드 사람인데, 젊을 때 사람을 죽여서 삼 년 동안 아이슬란드에서 쫓겨났어.

에리크는 어디로 가야 할지 고민하다가 900년대 초 풍랑에 휘말린 한 바이킹이 보았다는 곳에 가기로 마음먹었어. 그곳이 바로 그린란드란다. 982년 에리크는 부하들과 같이 그린란드로 갔어. 그린란드는 몹시 추워서 살기가 어려웠어. 그래도 에리크는 새로운 땅에서 새 삶을 시작하기로 마음먹었지.

삼 년이 지나 에리크는 아이슬란드로 돌아와 새로운 땅으로 같이 떠날 사람을 모았어. 그런데 새로운 땅이 얼음으로 덮인 곳이라면 누가 가겠어? 그래서 에리크는 땅 이름을 그린란드라고 지은 거야. 사람들이 에리크의 말을 믿었는지는 모르겠지만, 많은 사람이 새로운 땅으로 가려고 모여들었어. 그 무렵 아이슬란드에는 인구가 많아져서 농사지을 땅이 모자랐거든.

얼마 뒤 희망을 품은 사람들로 가득 찬 스물다섯 척의 배가 아이슬란드를 떠났어. 하지만 새로운 땅으로 가는 길이 쉽지는 않았어. 배 여러 척이 거친 바다에서 풍랑을 만나 바닷속으로 가라앉고 말았단다. 또, 어떤 배는 거친 바다를 못 견디고 배를 돌려 아이슬란드로 돌아가기도 했어. 결국, 그린란드에 다다른 배는 열네 척뿐이었고, 350여 명만이 이주에 성공했어.

하지만 그린란드에서 살기는 힘들었어. 농사를 짓기에 너무 추웠고, 집이나 배를 만들 수 있는 나무가 거의 없었거든. 그래도 차츰 인구가 늘어나 1000년쯤에는 3,000여 명이 그린란드에 살았대. 이렇게 되자 농사지을 땅은 더 모자라게 되었지.

이 무렵 그린란드 서쪽에 풍요로운 땅이 있다는 소문이 퍼졌어. 노르웨이에서 그린란드로 오는 길에 폭풍을 만나 길을 잃은 바이킹이 새로운 땅을 보았다는 거야. 붉은 수염 에리크의 아들 레이브도 그 소문을 들었어. 레이브는 그 땅을 향해 새로운 모험을 떠나기로 마음먹고, 동료 서른여섯 명과 함께 길을 나섰지.

레이브 일행은 여러 날 동안 거센 파도와 싸우고, 커다란 빙산의 위험을 피한 끝에 새로운 땅을 발견했어. 그리고 바위투성이 해안과 숲이 우거진 해안을 따라 계속 항해하여 지금의 캐나다 뉴펀들랜드 지역에 다다랐어. 콜럼버스가 아메리카 대륙에 다다르기 거의 500년 전의 일이야.

뉴펀들랜드 지역은 듣던 대로 낙원 같았어. 들판에 야생 포도와 밀이 저절로 자라고 있었지. 호수와 강에는 크고 싱싱한 연어가 가득했대. 게다가 새가 얼마나 많던지 새알을 밟지 않고 걷기가 어려울 정도였단다.

레이브는 이곳을 포도의 땅이라는 뜻으로 '빈란드'라고 했어. 레이브 일행은 빈란드에 집을 짓고 겨울을 지냈어. 그리고 이듬해 포도와 나무를 배에 가득 싣고 그린란드로 돌아갔지. 그린란드 사람들한테 자신들이 발견한 땅이 얼마나 멋진 곳인지 알려주려고 말이야.

레이브 에릭손의 동상이다.
1000년 무렵 레이브 에릭손은 서른여섯 명의 동료를 이끌고 풍요의 섬으로 알려진 빈란드 탐험에 나섰다. 에릭손이 다다른 곳으로 알려진 캐나다 뉴펀틀랜드 마니도바에 동상이 세워져 있다.

오랫동안 잊혔던 그린란드

지구의 기후가 다시 추워진 탓에 그린란드에 살던 바이킹들이 그린란드를 떠나야 했어. 이후 유럽 사람들은 그린란드를 잊고 살았지. 그러다가 1500년대 후반에 대서양과 태평양을 잇는 바닷길에 관심이 높아지고, 고래잡이 열풍이 불었어. 그러자 그린란드에 다시 유럽 사람들이 몰려들었지. 18세기부터 덴마크가 그린란드를 지배했어. 2009년 6월 21일 그린란드는 덴마크에 독립을 선언했어. 하지만 외교와 국방에 관한 권한은 덴마크가 여전히 가지고 있단다.

레이브의 모험담을 추적한 잉스타드

바이킹들은 레이브의 모험담을 『빈란드 사가』로 남겼어. 하지만 오랜 시간이 흘러 사람들은 레이브가 발견한 빈란드가 어디인지 잊어버렸지. 레이브의 모험담도 그저 재미있는 영웅 전설이라고만 생각했어. 그런데 잉스타드라는 노르웨이 탐험가가 『빈란드 사가』의 이야기를 실제 있었던 일로 믿고, 오랫동안 증거를 찾아다녔어. 결국, 1960년대에 잉스타드는 아메리카 대륙에 있는 바이킹 유적지를 찾아냈단다.

레이브는 그린란드에서 더 많은 사람을 모아 다시 빈란드로 갈 생각이었어. 그런데 갑자기 붉은 수염 에리크가 죽었어. 레이브는 아버지의 뒤를 이어 그린란드의 부족을 이끌어야 했지. 그래서 멀리 모험을 떠날 수가 없었어.

하지만 레이브와 함께 빈란드에 다녀온 바이킹들이 풍요로운 새 땅을 그냥 포기할 수 없었단다. 이번에는 160명이나 되는 바이킹들이 빈란드로 떠났어. 빈란드에 간 바이킹들은 그곳에 살던 아메리카 원주민을 만났어. 처음에는 서로 필요한 물건을 바꾸면서 사이좋게 지냈지. 하지만 얼마 지나지 않아 싸움이 일어났어.

레이브 에릭손 일행이 빈란드에 다다른 모습을 그린 기록화이다. 에릭손과 동료들은 빈란드에서 겨울을 나고 그린란드로 돌아갔다.

바이킹은 여러 차례 원주민을 물리쳤어. 하지만 희생자가 늘어나고 원주민에 견주어 수가 너무 모자라 시간이 갈수록 불리해졌지. 게다가 바이킹들끼리 서로 싸우다가 죽이는 사건까지 일어났지 뭐야.

결국 바이킹은 빈란드에서 살려는 꿈을 포기했어. 그들은 풍요롭지만 싸움이 잦았던 빈란드를 불길한 땅이라고 생각했어. 그래서 더는 어떤 바이킹도 빈란드로 모험을 떠나지 않았단다.

바이킹 시대의 끝

이미 유럽 곳곳에 바이킹이 세운 나라가 들어서서 약탈과 정복을 할 만한 곳이 차츰 줄어들면서 바이킹의 시대가 서서히 막을 내렸어. 또 10세기 말부터 많은 바이킹이 크리스트교 신자가 되어서 더는 수도원이나 다른 크리스트교 나라들을 약탈할 수도 없게 되었지. 폭풍 같던 바이킹의 정복 활동이 끝나자, 유럽 세계는 차츰 안정을 찾고 새로운 질서를 만들어 갔단다.

바이킹 나라들이 크리스트교를 받아들이다

10세기까지 바이킹은 오딘, 토르 같은 자신들의 신을 섬기고 있었어. 그래서 크리스트교 수도원을 습격해 보물을 빼앗고 수도사를 죽이는 일에 거

노르웨이의 목조 교회 건물. 10세기 이후 바이킹 나라들에 크리스트교가 퍼지면서 많은 목조 교회가 세워졌다.

리낌이 없었어. 그런 바이킹이 크리스트교를 받아들일 거라고는 아무도 상상하지 않았지.

하지만 바이킹 사이에 크리스트교가 서서히 퍼져 나갔어. 프랑크 왕국의 선교사나 노르망디 공국의 바이킹, 영국에 살던 데인 족 그리고 유럽 곳곳을 돌아다니던 바이킹 상인들을 통해 스칸디나비아에 크리스트교가 퍼진 거야.

10세기 무렵 만들어진 왕 체스 말이다. 10세기 무렵 바이킹 나라의 왕들은 크리스트교를 받아들여 왕권을 키우려고 애썼다.

바이킹 세계에서 처음으로 크리스트교를 받아들인 왕은 덴마크의 하랄 블로탄이야. 하랄 왕은 958년에 덴마크를 통일하고, 두 해가 지난 960년에 크리스트교를 받아들였어. 그리고 곧 크리스트교를 덴마크의 *국교로 삼았단다.

덴마크를 찾아온 동프랑크 왕국의 주교 포포가 새빨갛게 달군 쇠 장갑을 끼고도 손에 상처 하나 입지 않는 기적을 보였대. 그 모습에 감동한 하랄 왕이 크리스트교를 받아들였다고 알려졌지.

하지만 크리스트교를 받아들인 진짜 까닭은 아마 국경을 맞대고 있는 동프랑크 왕국과의 관계를 좋게 하고, 왕의 권력을 키우기 위해서였을 거야.

크리스트교는 세상에 신이 오직 하나뿐이라고 주장해. 또 나라에도 왕이 한 명만 있어야 하고, 왕의 말을 거스르면 안 된다고 가르쳤단다. 그러니 하랄 왕뿐 아니라 여러 나라의 왕이 크리스트교를 퍼뜨리려고 열심히 애썼지.

노르웨이 울라프 왕도 덴마크와 거의 비슷한

국교
나라의 종교라는 뜻이다. 세상에 신은 하나밖에 없다고 주장하는 크리스트교를 국교로 삼은 나라에서는 다른 종교를 허락하지 않았다.

때 크리스트교를 받아들였어. 울라프 왕은 하랄 왕처럼 크리스트교를 국교로 삼지는 않았지만 아이슬란드까지 선교사를 보내 크리스트교를 퍼뜨리려고 애썼단다.

그런데 그 선교사가 크리스트교를 안 받아들이는 사람들과 심하게 다투고 살인까지 저질러 아이슬란드에서 쫓겨났어. 그러고는 울라프 왕한테 아이슬란드 사람들이 크리스트교를 거부한다고 이야기한 거야. 화가 난 울라프 왕은 아이슬란드를 공격하겠다고 겁주었어. 그래서 아이슬란드 사람들은 어쩔 수 없이 크리스트교를 받아들여야 했지.

얼마 지나지 않아 울라프 2세가 노르웨이 왕이 되었어. 울라프 2세는 모든 귀족한테 크리스트교 신자가 되든지, 아니면 추방이나 죽음을 선택하라고 강요했대. 이에 화가 난 귀족들은 반란을 일으켰고, 울라프 2세는 반란을 막으려다가 전쟁터에서 죽고 말았어. 하지만 크리스트교를 널리 퍼뜨리는 공을 세웠다고 해서 노르웨이의 수호 성인이 되었단다.

한편, 스웨덴은 노르웨이나 덴마크보다 늦게 크리스트교를 받아들였어. 서유럽과 거리가 멀어서 크리스트교의 영향을 덜 받았거든. 대신 러시아 땅으로 간 스웨덴 바이킹이 세운 키예프 공국에서 비잔티움 제국의 그리스 정교를 받아들였지.

크리스트교를 국교로 삼은 바이킹 나라들은 함부로 다

예수를 조각한 바이킹 시대 십자가이다.
스웨덴의 룬트 둘레에서 발굴하였다.
룬트 역사 박물관에 있다.

른 크리스트교 나라를 약탈할 수 없게 되었어. 다른 크리스트교 나라와 전쟁을 하려면 그럴듯한 핑계가 있어야 했거든.

또 크리스트교는 같은 크리스트교 신자를 노예로 삼는 것을 금지했어. 그래서 바이킹 상인들이 노예 무역을 하기가 어려워졌지. 그러니 바이킹 전사들도 전처럼 정복 활동에 나서서 노예들을 잡아들일 필요가 더는 없어졌단다.

노르웨이의 울라프 2세 조각이다. 울라프 2세는 노르웨이에 크리스트교를 널리 퍼뜨리는 데 앞장섰다.

크누트 왕의 죽음과 함께 바이킹 시대가 저물다

10세기 들어 한동안 주춤했던 바이킹의 정복 활동이 11세기 초부터 다시 시작되었어. 1002년 영국에 살던 데인 족이 색슨 족의 왕 에설레드 2세한테 죽임을 당했거든. 데인 족이 반란을 일으키려 한다는 게 이유였어. 바이킹 전사뿐 아니라 영국에 사는 데인 족 농부나 상인까지 닥치는 대로 죽임을 당했단다. 심지어 여자와 아이들까지 산 채로 땅에 묻혔대.

이 소식을 들은 덴마크의 스벤 1세는 크게 분노했어. 스벤 1세는 대군을 이끌고 영국으로 쳐들어갔지. 에설레드 2세는 겁을 먹고, 스벤 1세한테 많은 금을 바치며 용서를 빌었어.

이때 에설레드 2세는 데인 족한테 줄 금을 마련하느라 백성한테서 많은 세금을 거두었어.

왼쪽은 크누트 왕이다. 아버지 스벤 1세의 뒤를 이어 영국을 정복한 뒤 영국 왕이 되었다. 오른쪽은 스벤 1세와 군대가 영국에 다다른 모습을 그린 그림이다. 스벤 1세는 영국에 살던 데인 족이 영국 왕한테 대량 학살을 당하자 대군을 이끌고 영국을 공격했다.

그로부터 십여 년이 지난 1016년, 스벤 1세의 아들 크누트가 다시 대부대를 이끌고 영국을 공격했어. 크누트는 영국을 정복하고, 영국 왕이 되었지. 그동안 데인 족한테 세금을 내느라 허리가 휘던 영국 사람들도 크누트를 왕으로 받아들였어. 그러면 데인 족한테 바치는 세금이 줄지 않을까 생각했거든.

크누트가 영국 왕이 되고 얼마 뒤 덴마크를 다스리던 크누트의 형이 죽었어. 크누트 왕은 형의 뒤를 이어 덴마크 왕의 자리에 올랐어. 그 뒤 노르웨이와 스웨덴 일부를 정복한 크누트 왕은 영국과 덴마크, 노르웨이와 스웨덴을 두루 다스리게 되었지.

크누트 왕은 데인 족과 영국 사람들을 차별하지 않고 다스렸어. 영국 사람들은 오랜만에 평화와 번영을 누렸지. 영국의 상업과 교역도 활발해졌어. 데인 족이 닦아 놓은 북해와 발트 해의 무역로를 영국 사람도 이용할 수 있게 되었거든.

봉건제
왕이 영주한테 다스릴 땅을 나누어 주는 대신 영주는 왕한테 충성하는 사회 제도이다. 영주는 외부의 공격으로부터 농민을 보호해 주는 대가로 농민을 다스렸다.

크누트 왕이 죽은 뒤 두 아들이 잇달아 왕이 되었어. 하지만 얼마 지나지 않아 둘 다 죽고 말았어. 영국 사람들은 프랑크 왕국으로 달아났던 에설레드 2세의 아들을 왕으로 뽑았어.

하지만 채 25년도 지나지 않아 바이킹 롤로의 후손인 노르망디 공작 기욤 2세가 다시 영국의 왕이 되었단다. 바로 윌리엄 1세야. 그런데 윌리엄 1세가 영국을 다스리는 동안 영국은 바이킹의 고향인 스칸디나비아와 멀어지고, 갈수록 프랑스가 있는 서유럽을 더 닮아 갔어.

바이킹의 대규모 정복 전쟁과 약탈도 더는 거의 일어나지 않았지. 250년 가까이 유럽을 뒤흔들던 바이킹 시대가 막을 내린 거야. 하지만 바이킹 시대에 바이킹들은 유럽 사회에 많은 변화를 가져왔단다.

우선 유럽 사회에 *봉건제가 뿌리내렸어. 지방의 영주들이 바이킹의 침략을 막으려고 성을 쌓았고, 바이킹이 쳐들어오면 농민들을 성으로 대피시켰어. 자연스레 농민은 자기를 보호해 주는 영주한테, 영주는 성을 쌓을 땅을 내준 왕한테 충성할 수밖에 없었지. 그러면서 봉건제가 자리를 잡았어.

또 중세 유럽을 지탱하던 기사 제도도 바이킹 시대에 널리 퍼졌어.

바이킹이 서프랑크 왕국을 괴롭힐 때, 샤를 2세가 바이킹에 맞서 싸울 기

> **작위**
> 공로가 있는 사람한테 왕이 주는 지위를 뜻하는 말이다. 공작, 후작, 백작, 자작, 남작 등이 있다. 작위는 대개 다스릴 땅인 영지와 함께 주어지며 상속된다.

병 부대를 뽑아 모았어. 그리고 그들한테 기사 *작위와 영지를 주었지. 그러면서 충성과 명예, 용기로 무장한 기사가 크게 늘어났고, 그들을 통해 만들어진 기사도 문화는 이후 전 유럽으로 퍼져 나가면서 중세 유럽을 기사의 시대로 만들었어.

그런가 하면 영국과 프랑스의 등장도 바이킹과 관련이 있어. 바이킹 시대 이전까지 영국은 여러 개의 작은 왕국으로 나뉘어 있었어. 그런데 바이킹에 맞서 힘을 합쳐 싸우다 보니 통일된 영국이 만들어진 거야.

프랑스도 바이킹 시대 이전에는 없던 나라였어. 프랑크 제국의 서쪽 지역이어서 그냥 서프랑크라고 했지. 그러다가 프랑스란 이름이 떠오른 것은 바이킹의 침략 때문이었어. 바이킹들이 파리를 에워쌌을 때, 파리 주민과 병사들은 일 년이나 파리를 지켰어. 그런데 서프랑크 왕 샤를이 싸우지도 않고 바이킹한테 약탈을 허락했지 뭐야. 화가 난 서프랑크 사람들은 샤를 대신 자신들과 파리를 지킨 프랑스 공작 외드를 새로운 왕으로 뽑았어. 그러면서 나중에는 나라 이름이 프랑스가 되었단다.

또 바이킹 덕분에 지중해 지역에 비해 뒤떨어졌던 서유럽의 상업이 발전할 수 있었어. 노르웨이 바이킹이 다스리던 아일랜드의 더블린과 코크, 데인족이 다스리던 영국의 요크와 노르망디 공국, 루스가 다스리던 러시아 지역의 키예프와 노브고로드 모두 유럽 무역 중심지로 이름을 떨쳤지. 그런가 하면 바이킹이 바다와 강을 누비며 새롭게 개척한 무역로들은 이후에도 유럽 여러 나라를 잇는 무역로로 큰 역할을 했단다.

바이킹은 왜 강했을까?

바이킹을 강하게 만든 으뜸가는 힘은 바로 모험 정신이야. 침략이건 교역이건 낯선 땅을 찾아 나서는 데는 많은 위험이 따르지. 하지만 바이킹은 그런 위험을 두려워하지 않았어. 그렇다고 바이킹이 위험 속으로 무작정 뛰어든 것은 아니야. 바이킹들은 모험에 나서기 전 꼼꼼하게 필요한 정보를 모으고 여러 위험에 대비했단다.

게다가 바이킹은 온갖 위험을 이겨 낼 수 있는 뛰어난 기술력과 풍부한 경험을 갖추고 있었어. 그래서 그 기술과 경험을 바탕으로 거친 바다를 건널 수 있는 빠르고 튼튼한 배를 만들었어. 또 뛰어난 항해술을 썼지. 그런가 하면 바이킹은 자기들 문화와 전통만 고집하지 않고 다른 지역의 문화와 종교도 열린 마음으로 받아들였어. 특히 바이킹 상인들은 세계 곳곳으로 교역을 다니면서 그곳의 말을 배우고, 거래하는 사람들의 관습과 문화를 따랐어.

루돌프와 만난 산타클로스

루돌프가 끄는 썰매를 타고 다니는 산타클로스 이야기 알지? 그 신화를 퍼뜨린 것도 바이킹이란다. 산타클로스 이야기는 원래 지금의 터키 지방에 살았던 성 니콜라우스 이야기에서 시작되었어. 그런데 바이킹 신화 가운데 축제 때 하늘을 나는 말을 타고 다니며 선물을 나누어 주는 오딘의 이야기가 있단다. 오딘이 타고 다닌 말 가운데 하나가 머리에 불꽃을 달고 다녔대. 성 니콜라우스 이야기와 바이킹 신화가 만나서 빨간 코 사슴 루돌프를 타고 다니는 산타클로스가 생겨난 거야.

바이킹 시대에 바이킹의 활동 범위를 표시한 지도이다. 바이킹은 유럽 곳곳을 누비며 정복과 교역 활동을 하고, 새로운 땅에 정착해 번영을 이루었다.

　바이킹의 이런 열린 마음은 바이킹 세계를 발전시켰고, 바이킹이 세계 곳곳에서 성공할 수 있는 밑거름이 되었지.
　바이킹의 자유롭고 평등한 사회 제도도 바이킹을 강하게 만드는 데 한몫했어. 바이킹 사회에도 신분 제도가 있었어. 하지만 바이킹의 자유민은 다른 지역의 농민이나 군인과 견줄 수 없을 만큼 많은 권리와 자유를 누렸단다.
　바이킹들은 일찍부터 싱이라는 마을 회의에서 중요한 일을 결정했어. 또 아이슬란드에서는 유럽 최초의 의회라고 할 수 있는 알싱을 만들어 모두가 자유롭고 평등하게 참여해 중요한 일을 결정했어.
　자유롭고 평등한 바이킹의 세계는 배에서도 다르지 않았어. 마지막 결정은 선장이 했지만, 항해를 하다 어려운 일이 생기면 모든 선원이 함께 모여서 의논하는 것이 바이킹의 전통이었단다.

전설에 따르면 한 배가 심한 풍랑에 시달렸대. 선원들은 신한테 제물을 바치고 도움을 부탁하기로 결정했지. 그런데 제비뽑기에서 제물로 뽑힌 사람은 다름 아닌 왕이었단다. 왕도 예외가 되지 않는 평등이 바이킹을 강하게 만들었던 것 아닐까? 바이킹들은 전쟁터에서도 평등했어. 파리를 포위했을 때 서프랑크 왕국의 사자가 찾아왔어.

"당신들의 지배자가 누구요?"

그러자 바이킹들이 입을 모아 이렇게 대답했대.

"우리한테는 지배자가 없다. 모두 평등하다."

바이킹 군대에는 정해진 계급이 없었어. 능력이 뛰어난 사람이 지도자가 되었고, 전리품도 지위와 관계없이 똑같이 나누었지. 또 바이킹은 다른 사람의 명령에 따라 움직이기보다 스스로 자기 일을 결정하는 자유롭고 평등한 사람들이었어. 바이킹 사회는 사람들이 자유롭게 능력을 발휘하고 성공할 수 있는 활력 넘치는 곳이었지.

바이킹의 식사법, 뷔페

바이킹들은 유럽 곳곳에 바이킹의 문화를 퍼뜨렸어. 뷔페식당도 원래 바이킹의 풍습이란다. 오랫동안 항해를 하던 바이킹들은 제대로 된 식사를 하기가 어려웠지. 그래서 집에 돌아오면 온갖 음식을 탁자에 차려 놓고, 원하는 음식을 마음대로 먹었대. 여기에서 뷔페가 시작되었어.

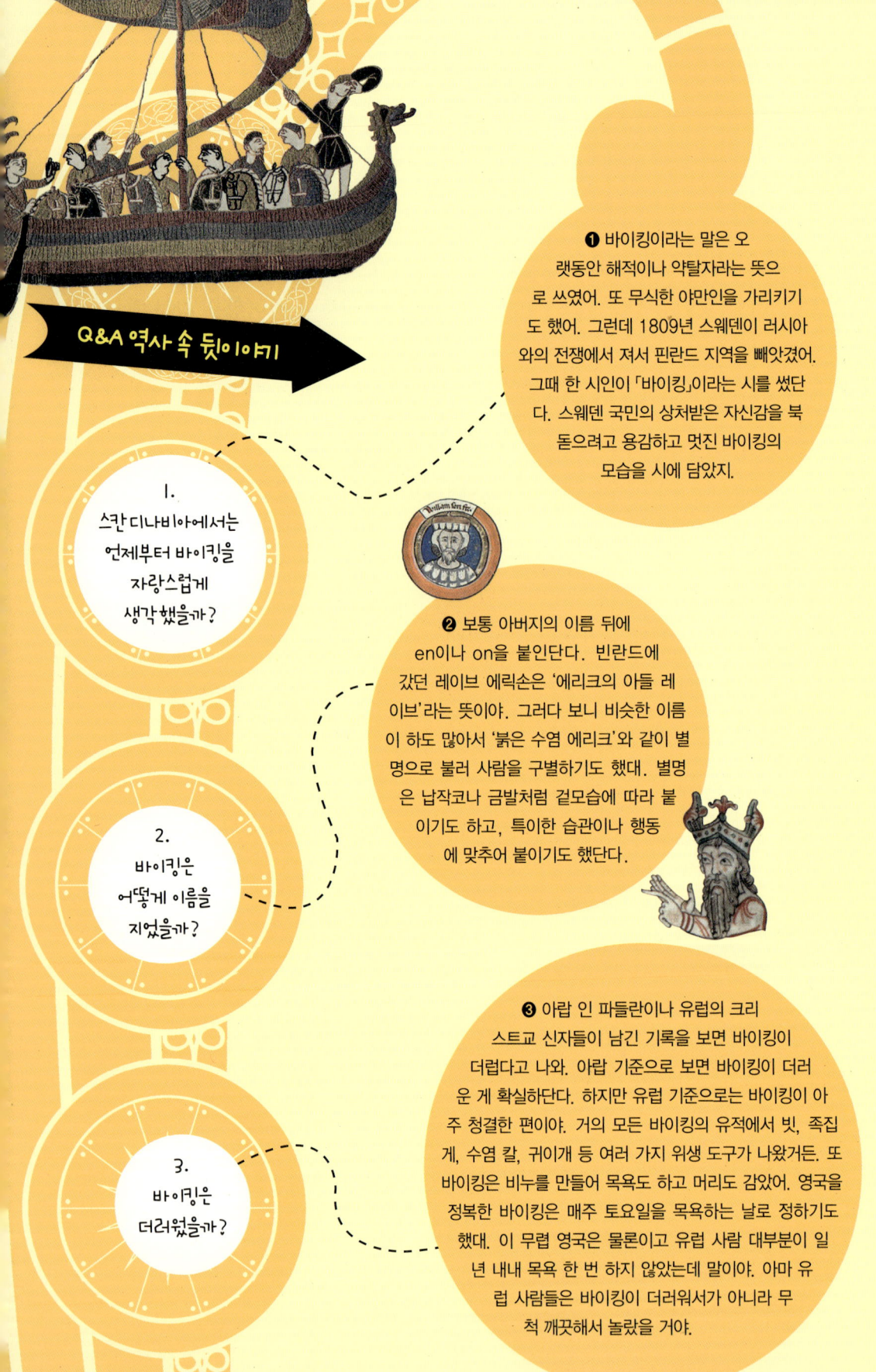

Q&A 역사 속 뒷이야기

1. 스칸디나비아에서는 언제부터 바이킹을 자랑스럽게 생각했을까?

❶ 바이킹이라는 말은 오랫동안 해적이나 약탈자라는 뜻으로 쓰였어. 또 무식한 야만인을 가리키기도 했어. 그런데 1809년 스웨덴이 러시아와의 전쟁에서 져서 핀란드 지역을 빼앗겼어. 그때 한 시인이 「바이킹」이라는 시를 썼단다. 스웨덴 국민의 상처받은 자신감을 북돋우려고 용감하고 멋진 바이킹의 모습을 시에 담았지.

2. 바이킹은 어떻게 이름을 지었을까?

❷ 보통 아버지의 이름 뒤에 en이나 on을 붙인단다. 빈란드에 갔던 레이브 에릭손은 '에리크의 아들 레이브'라는 뜻이야. 그러다 보니 비슷한 이름이 하도 많아서 '붉은 수염 에리크'와 같이 별명으로 불러 사람을 구별하기도 했대. 별명은 납작코나 금발처럼 겉모습에 따라 붙이기도 하고, 특이한 습관이나 행동에 맞추어 붙이기도 했단다.

3. 바이킹은 더러웠을까?

❸ 아랍 인 파들란이나 유럽의 크리스트교 신자들이 남긴 기록을 보면 바이킹이 더럽다고 나와. 아랍 기준으로 보면 바이킹이 더러운 게 확실하단다. 하지만 유럽 기준으로는 바이킹이 아주 청결한 편이야. 거의 모든 바이킹의 유적에서 빗, 족집게, 수염 칼, 귀이개 등 여러 가지 위생 도구가 나왔거든. 또 바이킹은 비누를 만들어 목욕도 하고 머리도 감았어. 영국을 정복한 바이킹은 매주 토요일을 목욕하는 날로 정하기도 했대. 이 무렵 영국은 물론이고 유럽 사람 대부분이 일 년 내내 목욕 한 번 하지 않았는데 말이야. 아마 유럽 사람들은 바이킹이 더러워서가 아니라 무척 깨끗해서 놀랐을 거야.

❹ 바이킹 그림에 빠지지 않는 것이 뿔 달린 투구야. 하지만 전쟁터에서 뿔 달린 투구를 쓴 바이킹을 찾기는 어려워. 적한테 자기 머리를 쉽게 잡으라고 손잡이 달린 투구를 쓸 수는 없잖아. 뿔 달린 투구가 바이킹의 상징이 된 것은 크리스트교 신자들이 바이킹을 뿔 달린 악마처럼 생각했기 때문이야. 바이킹이 뿔 달린 투구를 제사 때 썼을 거라고 주장하는 사람이 있기도 해.

4.
바이킹은 싸울 때 어떤 투구를 썼을까?

❺ 바이킹은 싸우러 갈 때 뱃머리에 용이나 다른 무서운 동물 모양 장식을 달았어. 이 장식은 거친 바다의 괴물들이 바이킹의 배를 괴롭히지 못하게 하는 부적이었어. 또 바이킹이 싸우러 간다는 표시이기도 했지. 무시무시한 장식을 단 배를 본 사람들은 지옥에서 온 배를 만난 듯 두려움에 떨었을 거야. 바이킹은 무역을 하러 항구로 들어갈 때나 고향으로 돌아갈 때는 이 장식을 떼어 냈어. 무서운 장식이 땅에 사는 정령들을 화나게 할 수 있다고 생각했거든.

5.
바이킹은 뱃머리에 왜 무서운 동물 장식을 달았을까?

❻ 블루베리를 좋아해서 이가 파랗게 물들었기 때문에 그런 별명이 붙었다고 하지. 하지만 본래 하랄 블로탄은 '검은 피부의 영웅'이라는 뜻이래. 이 이름을 영어식으로 읽으면 해럴드 블루투스가 되는데, 거기에서 푸른 이빨 왕이라는 별명이 나왔대. 휴대 전화와 컴퓨터 같은 전자 제품을 무선으로 연결하는 기술을 블루투스라고 부르지. 하랄 블로탄이 덴마크를 통일한 것에 착안해서 전자 제품을 통일시킨다는 뜻으로 블루투스라고 이름을 붙였대.

6.
하랄 블로탄은 왜 푸른 이빨 왕이라는 별명이 붙었을까?

❼ 배에 상처를 입은 사람한테는 양파와 약초로 만든 죽을 먹였대. 그리고 소화가 될 때까지 기다렸다가 냄새를 맡았지. 상처에서 죽 냄새가 나면 창자에 구멍이 뚫린 거니까 곧 죽을 것으로 생각했어. 거꾸로 냄새가 안 나면 상처를 꿰매 주었다는구나.

7.
바이킹이 전쟁터에서 다치면 어떻게 치료했을까?

활기차고 흥미로운 바이킹의 세계

가족과 일상생활

바이킹이 일 년 내내 약탈과 정복 활동을 했을까? 그건 아니란다. 바이킹은 일부 전사를 빼고는 거의 모두 농사를 짓거나 장사를 하는 자유민이었어. 그래서 대개 여름 한 철만 원정을 떠나고, 다른 때는 고향에서 농사를 짓고 물고기를 잡으며 살았어. 그리고 겨울에는 열심히 땔감을 장만하며 지냈단다. 그럼 바이킹들이 고향에서 어떻게 살았는지 살펴볼까?

하나의 농장이 작은 마을을 이루다

바이킹들은 몇몇 집이 모여 작은 마을을 이루고 살았단다. 우리나라처럼 이웃들이 담을 서로 맞대고 옹기종기 모여 사는 마을이 아니라, 넓은 땅에 농장들이 띄엄띄엄 흩어져 있는 마을이었지.

바이킹은 농장에서 농사를 짓고 가축을 길렀어. 가축은 바이킹한테 가죽과 털, 고기, 우유를

노르웨이 피오르 해안 사이의 마을 모습이다. 스칸디나비아 반도에는 농사지을 땅이 모자라서 바이킹 농장들이 피오르 해안 사이사이에 듬성듬성 있었다.

주는 소중한 존재였단다. 그런데 가축을 자유롭게 놓아 기르려면 넓은 땅이 있어야겠지? 그래서 바이킹의 농장은 엄청 넓었어. 그러니 바이킹 마을에서는 온종일 걸어가도 이웃을 만나기가 어려웠지.

농장 가운데에는 큰 집이 있었어. 집이 길게 뻗어 있어서 '롱하우스'라고 했지. 바이킹은 매서운 추위를 막으려고 롱하우스의 벽을 두껍게 짓고, 창문은 아예 만들지 않았단다.

어떤 가족은 집 옆에 작은 건물을 여러 채 이어 붙이기도 했어. 대장간, 음식 창고, 짐승을 돌보는 축사, 겨울에 배를 보관하는 뱃집, 창고와 화장실, 또 한증막이

롱하우스의 밖(왼쪽)과 안(오른쪽) 모습이다. 롱하우스는 추위를 막고 대가족이 살게끔 지어졌다. 바이킹들은 롱하우스 안에서 요리, 식사는 물론 옷감 짜기 등 온갖 일을 다했다.

나 부엌 등이 있었지. 그래서 한 집이 마치 작은 마을처럼 보였어.

롱하우스에는 바이킹 가족 수십 명이 함께 살았지만 방은 하나밖에 없었어. 양쪽 벽에 흙으로 만든 긴 침상을 놓고, 널빤지로 테두리를 둘렀지. 이 침상을 밤에는 침대로, 낮에는 이불을 돌돌 말아 놓고 의자처럼 썼단다.

집주인 부부만 구석에 있는 침대에서 자고, 나머지 식구와 노예들은 침상에서 다 같이 잤어. 침상 말고 다른 가구는 탁자 하나와 의자 몇 개 그리고 중요한 물건을 보관하는 궤짝이 전부였지.

방 가운데에는 난로가 있었어. 난로는 방을 따뜻하게 할 뿐 아니라, 음식을 만드는 데도 쓰였단다. 좀 더 큰 집에는 난로 옆에 음식을 조리하는 작은

*화덕이 따로 있기도 했어. 창문이 없는 롱하우스에서 난로는 전등 역할도 했어.

추운 겨울이 되면 바이킹은 집 안에서 거의 모든 일을 했어. 먹고 자는 것, 요리는 물론 소나 양의 젖을 짜는 일, 옷감을 짜는 일 들을 말이야. 이처럼 집 안에서 여러 일을 했으니 바이킹의 롱하우스는 늘 북적거렸을 거야. 게다가 화덕에서 요리를 할 때면 연기가 집 안 가득 찼지. 지붕에 난 작은 구멍이 굴뚝 역할을 하기는 했지만, 연기가 잘 안 빠져나갔거든.

화덕
쇠나 흙으로 아궁이처럼 불을 땔 수 있게 만든 것이다. 아래쪽에는 나무나 다른 땔감을 태울 수 있는 공간이 있고, 위에는 솥을 걸거나 그릇을 올려놓을 수 있게 만들었다.

그리고 시장도 가까이 없어서 바이킹은 필요한 것은 무엇이든 만들어 썼어. 여자들은 농장에서 기른 양의 털을 손질해서 옷을 직접 만들었고, 식물이나 돌에서 뽑아낸 염료로 천을 염색하기도 했어. 또 직접 기른 곡식과 소에서 짠 우유로 빵이나 버터, 치즈를 만들었지. 남자들은 농사짓는 데 필요한 도구와 무기를 직접 만들었단다.

이처럼 바이킹의 롱하우스와 농장은 생활의 터전이면서 필요한 것을 만들어 내는 공장이기도 했던 셈이야. 바이킹은 이렇게 모든 일을 스스로 해결하면서 독립심 강하고 기술이 뛰어난 사람들이 되었단다.

대가족을 이루고 살다

바이킹의 농장이 이웃과 멀리 떨어져 있는 대신 바이킹들은 부모, 자식, 할아버지, 할머니, 노예 가족까지 보통 수십 명이 한집에서 서로 의지하며 살았지. 그래서인지 바이킹이 가족을 소중하게 여기는 마음은 남달랐어.

대가족을 이끄는 가장은 남자 어른이 맡았어. 다른 식구들은 모두 가장의 말을 따라야 했지. 남자들은 어른이 되면 무기를 가질 수 있었고, 마을의 중요한 일에 참여할 수 있

바이킹 남성의 모습이다. 바이킹 남성들은 대가족 가운데 집안일을 결정하는 데 가장 많은 힘을 갖고 있었다.

는 권리가 있었어. 상속받을 권리도 남자한테 먼저 주어졌어.

그럼 여자는 어땠을까? 가장만큼 권한이 많지는 않았지만, 자기 땅을 가질 수 있었고, 남편이 마음에 안 들면 이혼을 요구할 수 있었어. 그 무렵 세계 어느 곳의 여성보다 많은 권리를 가지고 있었지.

또 남자들이 장사나 원정을 나가 오랫동안 집을 비우면 여자가 집안일을 꾸려 갔단다. 나이가 가장 많은 여자가 남자를 대신해 가장 역할을 맡았지. 여자라도 가장이 되면 가족의 안전과 명예를 지키는 수호자가 되어야 했지.

사실 바이킹 여성은 바이킹 남성 못지않게 강했어. 그들은 겁쟁이 남편을 아주 싫어했단다. 남편이 가족의 안전이나 명예를 지키지 못하면, 아내는 남편한테 용감하게 잘못을 고치거나 이혼 가운데 하나를 선택하라고 요구하기도 했대.

그리고 바이킹 집안에 아기가 태어나면 가장이 하늘에 있는 신한테 아기를 소개하는 의식을 치렀어. 아기한테 축복을 내려 달라는 뜻을 담아서 말이야. 그 당시 바이킹 아이들은 병에 걸리거나 굶주려 열 살을 넘기지 못하고 많이 죽었거든.

바이킹 시대에는 학교가 없었어. 바이킹 어린이들은 글을 배우지 않았고, 공부도 안 했지. 그럼 무얼 했냐고? 어릴 때부터 어른을 도와 일을 해야 했어.

음식과 옷차림이 독특하다

바이킹은 어떤 음식을 먹었을까? 우선 농장에서 기르는 소, 돼지, 양 등의 고기를 즐겨 먹었어. 또 거의 모든 농장이 바닷가 가까이 있어서 해산물도 많이 먹었지. 때로는 순록이나 고래, 바다표범을 사냥해서 먹기도 했어. 그리고 양배추, 순무, 강낭콩 등의 채소도 즐겨 먹었단다. 또 우유와 치즈도 넉넉해서 즐겨 먹었고, 맥주와 꿀로 만든 술을 마시기도 했어.

바이킹은 하루에 두 끼를 먹었어. 남자들은 동이 틀 무렵 밖에 나가 여러 일을 하고 돌아와 아침을 먹었지. 아침 식사로는 대개 보리와 귀리로 만든 딱딱한 빵 몇 덩이와 오트밀이나 보리죽, 우유로 만든 버터밀크를 먹었어. 점심은 따로 먹지 않았고, 대신 저녁 식사가 푸짐했어.

바이킹의 요리법이 궁금해? 바이킹은 고기를 쇠꼬챙이에 꿰어서 불에 구워 먹었어. 또 고기와 함께 완두콩, 양파, 부추 같은 채소를 커다란 솥에 넣고 끓여 스튜를 만들기도 했지.

음식이 준비되면 나무로 만든 의자에 앉아서 식사를 했단다. 음식을 담는 그릇과 접시도 대개 나무로 만들었어. 음식을 먹을 때는 포크 대신 숟가락과 칼을 쓰고, 그냥 손으로 먹기도 했어. 그리고 저녁 식사 때 커다란 뿔잔에 맥주를 따라 마셨지.

자, 이제 바이킹의 옷차림을 알아볼까? 바이킹은 어떤 옷을 입었을까? 추운 곳에 사니까 동물 가죽으로 만든 옷을 많이 입었을 거라

음식을 만드는 바이킹 여성이다. 스웨덴 민속촌에서 바이킹 시대를 재현한 모습이다.

고? 물론 그렇게 생각하기 쉽지만, 가죽옷보다는 *리넨이나 모직으로 만든 옷을 즐겨 입었단다.

여자들은 긴 드레스와 짧은 드레스를 겹쳐 입고 망토를 걸쳤지. 아주 추울 때는 망토 안쪽에 털가죽을 붙여 추위를 견뎠어. 남자들은 튜닉이라는 긴 셔츠와 바지를 즐겨 입고, 망토를 걸쳤어. 남자는 망토를 안 흘러내리게 오른쪽 어깨에 고정했어. 바이킹 남자와 여자는 보석 장신구로 몸을 꾸몄어. 또 옷을 고정할 때도 금과 은 같은 브로치를 꽂았어.

한편, 여자는 브로치에 사슬을 이어서 늘 쓰는 바늘이나 가위, 칼 같은 물건을 매달았어. 또 중요한 물건을 담은 상자나 창고의 열쇠를 허리띠에 달린 고리에 매달았지. 그래서 바이킹 여자가 걸을 때면 여러 가지 물건이 서로

> **리넨**
> 마의 하나인 아마의 실로 짠 얇은 천이다. 굵은 실로 짠 것은 겉옷감으로 쓰고, 가는 실로 짠 것은 셔츠, 손수건, 실내 장식품 따위를 만드는 데 쓴다.

13세기 이전 바이킹 남자와 여자의 옷차림이다. 바이킹은 리넨이나 모직으로 된 드레스나 튜닉이라는 옷을 주로 입었다.

부딪치면서 좀 시끄럽기는 했지만, 그 요란한 소리가 집안을 책임지고 있는 부지런한 여주인을 나타냈단다.

일 년을 바쁘게 일하다

바이킹은 원정을 안 떠날 때에는 농사, 사냥, 고기잡이를 하는 부지런한 일꾼이었어. 그들은 새벽에 일어나 하루를 시작했고, 밤이 되어서야 일을 마쳤단다. 스칸디나비아는 농사지을 땅이 적은 데다가 기름지지도 않았어. 겨울이 길고, 다른 계절에도 햇빛이 부족했지. 이렇게 어려운 조건에서 살아남으려고 바이킹은 늘 열심히 일해야 했단다.

길고 추운 겨울이 지나고, 겨우내 얼었던 땅이 녹으면 바이킹은 쟁기로 밭을 갈기 시작했어. 그리고 호밀, 보리, 귀리 씨를 심었단다. 곡식이 잘 자라게 하려고 가축의 배설물로 만든 거름을 뿌리기도 했어.

농사일이 조금 한가해질 때쯤, 낮이 길고 하늘이 맑아서 항해하기 좋은 때가 찾

장작을 패는 바이킹 남자이다. 추운 겨울을 나려고 바이킹들은 가을 무렵에 많은 장작을 마련했다.

아왔지. 이 무렵이면 남자들이 가족을 남겨 두고 장사나 모험을 하러 긴 항해를 떠났어. 가장이 집을 비우면 나머지 가족이 농장 일을 맡았단다.

4월 초가 되면, 긴 겨울 동안 우리에 갇혀 지낸 염소, 양, 돼지, 소들을 밖으로 데리고 나왔어. 그리고 소와 양을 산 위에 있는 목장으로 올려 보냈지. 목장에서는 다음 해까지 두고 먹을 유제품을 만들었어.

바이킹은 산으로 올려 보낸 소와 양을 추워지기 전에 다시 우리로 몰아넣었어. 그때가 9월쯤이야. 이때 겨울을 버티지 못할 만큼 허약한 가축은 잡아서 소금에 절였단다. 이 고기는 겨울철에 중요한 먹을거리가 되었어.

또 겨울이 오기 전에 건초를 만들어야 했지. 먼저 긴 낫으로 여름 동안 길게 자란 풀을 베어 건초를 만들어. 그런 다음 거두어들인 곡식과 함께 건초를 창고에 차곡차곡 쌓아 둔단다. 이 일은 한 해 농사 가운데 무척 중요한 일이야. 소, 양, 염소 등이 건초를 먹으며 겨울을 나야 하거든.

한편, 바이킹은 먹을거리를 얻으려고 사냥이나 고기잡이에도 나섰단다. 사냥을 위해 특별히 훈련한 개들을 풀고, 사냥용 창이나 활로 곰, 순록, 담비, 해마, 사슴 등을 잡았지. 겨울에 사냥할 때는 스키나 *눈신을 신기도 했어.

바이킹은 사냥으로 얻은 동물의 고기뿐 아니라 가죽이나 이빨을 아주 요긴하게 썼어. 짐승 가죽으로 의복, 모포, 끈 등을 만들었지. 또 이빨과 가죽을 팔아 다른 지역에서 만든 유리그릇, 은, 비단 등을 샀단다.

눈신
눈 위를 걷거나 달릴 때 발이 눈에 안 빠지게 돕는 신이다. 발바닥에 가볍고 둥근 나무틀을 대고 가죽끈을 달아 발에 묶는다.

바이킹의 놀라운 배 만드는 기술과 항해술

"배는 파도를 건너는 말이다."
일찍부터 바다를 삶의 터전으로 삼았던 바이킹한테 배는 말이기도 하고 집이기도 했어. 배를 잘 만드는 일은 바이킹의 목숨이 달린 문제였지. 그래서 바이킹은 더 좋은 배를 만들려고 끊임없이 애썼어. 그 덕분에 바이킹의 배 만드는 기술은 놀랄 만큼 뛰어났단다. 바이킹은 배를 잘 만들기만 한 것이 아니라 다루기도 잘했어. 바이킹은 세상에서 가장 배를 잘 모는 사람들이었어. 나침반이나 제대로 된 지도 없이도 바닷길을 잘 찾았단다.

1. 바이킹 배의 과학적인 제작

배 만드는 일은 시간이 오래 걸리고, 비용도 많이 들어. 작은 배를 만들 때에는 가족끼리 만들기도 했지. 하지만 수십 명이 타는 큰 배를 만들 때에는 전문 기술자와 일꾼들이 필요했단다.
① 가장 먼저 뼈대를 만든다.
② 기다란 나무판자를 뼈대에 하나씩 차곡차곡 끼워 배의 바깥쪽을 만든다.
③ 배의 모양이 갖추어지면 돛대, 이물과 고물 그리고 두 개의 갑판을 만든다.
④ 방향을 조절하는 커다란 키를 배의 뒷부분에 달아 배를 완성한다.

2. 바이킹 배의 놀라운 빠르기

바이킹 배는 그다지 안 편하지만, 속도가 아주 빨라. 특히 롱십은 그 무렵 세계에서 가장 빠른 배였어. 최고 속도는 시속 22킬로미터쯤이었는데, 1950년대 증기 기관으로 움직이는 화물선과 맞먹는 속도야. 그러니 바이킹이 활약하던 시대에 롱십은 누구도 따라올 수 없을 만큼 빠른 배였지.

3. 바이킹 배의 신기한 능력

바이킹 배는 날씨와 관계없이 원하는 방향으로 항해할 수 있었어. 배의 좌우 균형이 정확했고, 앞과 뒤도 같았거든. 그래서 방향을 바꿀 때 뱃머리를 돌리려고 힘을 쓸 필요가 없었단다. 그저 뒤돌아 앉아서 노의 방향을 바꾸어 저으면 반대 방향으로 쏜살같이 나갔지.

롱십은 돛과 노를 모두 쓰는 배였어. 바람이 좋을 때는 돛을 달고, 폭풍이 치거나 바람이 반대 방향으로 불면 돛대를 내리고 노를 저었어. 1400년대까지 바람이 반대로 불어도 움직일 수 있는 배는 롱십과 아라비아의 삼각 돛배밖에 없었단다.

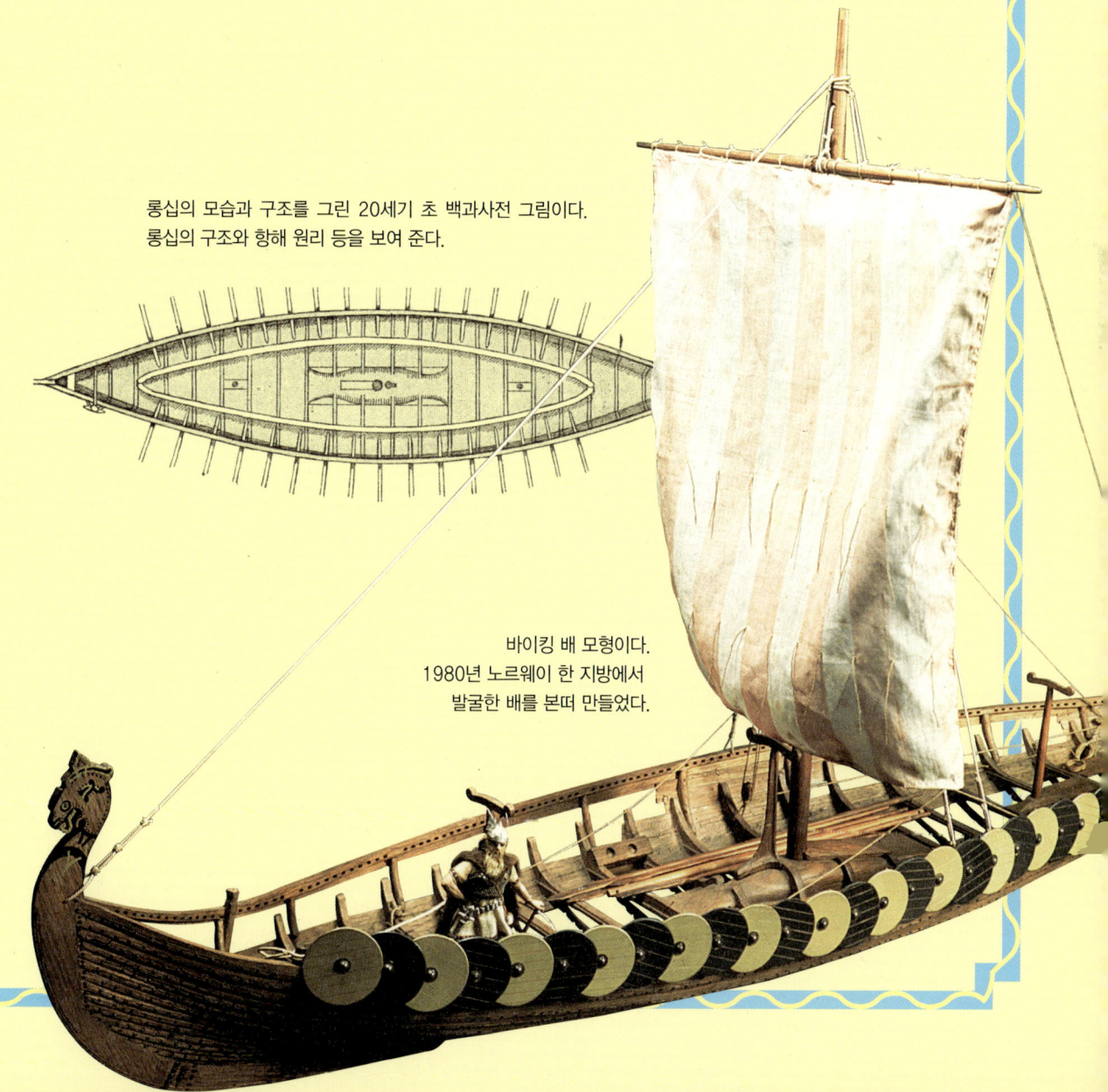

롱십의 모습과 구조를 그린 20세기 초 백과사전 그림이다. 롱십의 구조와 항해 원리 등을 보여 준다.

바이킹 배 모형이다. 1980년 노르웨이 한 지방에서 발굴한 배를 본떠 만들었다.

자유롭고 평등한 사회

바이킹은 대개 외딴 곳에서 거친 자연과 싸우며 살았기 때문에 자기 일을 스스로 해결해야 할 때가 많았어. 다른 사람의 명령이 아니라 자기 판단과 결정에 따라 살았지. 독립심 강한 바이킹들은 평등한 사회를 만들어 냈어. 바이킹의 세계는 이 무렵의 어떤 나라와도 견줄 수 없을 만큼 자유롭고 평등했어. 바이킹 사회는 시끄럽긴 했지만 그만큼 활기찬 곳이었단다.

세 가지 계급으로 사회를 이루다

바이킹 사회에는 크게 세 가지 계급이 있었어. '스롤'이라는 노예, '카를'이라고 하는 자유민 그리고 '야를'이라는 족장과 귀족 계급이야. 바이킹은 인류의 아버지인 리그 신이 사람을 세 개의 계급으로 나누었다고 믿었어.

스롤과 카를, 야를 가운데 실제로 바이킹 사회를 움직이는 것은 자유민 카를이었어. 카를은 농부나 어부, 상인, 기술자, 사냥꾼인 동시에 바다 건너 원정을 떠나는 전사이기도 했지.

카를은 유럽 다른 나라의 농민보다 훨씬 많은 권리를 누렸어. 프랑크 왕국이나 영국 농민 대부분은 자기 땅도 없이 영주의 땅을 경작하면서 매여 살았지만, 카를은 누구나 자기 땅을 가지고 있었단다.

또 무기를 지니고 다닐 권리와 법 앞에 공정하게 심판을 요구할 권리가 있었어. 심지어 자기가 섬기는 왕이나 족장이 마음에 안 들면 미련 없이 버리고 더 나은 지도자를 찾아갔단다. 그리고 카를이 교역이나 원정을 나가 많은 재산을 모으고 주변 사람들의 신뢰를 얻으면 야를로 뽑힐 수도 있었어.

하지만 노예인 스롤에게는 아무 권리도 없었어. 주인과 함께 살며 온갖 고된 일을 도맡아 해야 했지. 사람들은 스롤을 가축이나 도구처럼 시장에서 사고팔기도 했단다. 스롤은 대개 전쟁에서 포로로 잡혀 온 사람들이야. 때로는 카를이 빚을 못 갚아 스롤이 되기도 했지. 그리고 스롤이 자식을 낳으면 그 아이도 스롤이 되었어.

그렇지만 스롤로 태어났거나 한 번 스롤이 되었다고 해서 평생 스롤로 살아야 한 건 아니야. 어떤 주인은 자기한테 큰 도움을 준 스롤을 풀어 주기도 했거든. 또 스롤이 전쟁에서 큰 공을 세우면 카를이 되기도 했어. 그리고 재

바이킹 사회는 크게 왕과 귀족인 야를, 자유민인 카를, 노예인 스롤 세 계급으로 이루어져 있었다.

주가 많은 스롤은 돈을 모아 스스로 자유를 사기도 했지.

바이킹은 세 계급 가운데 야를을 신이 특별히 사랑한다고 생각했어. 리그 신이 야를을 사냥과 전쟁의 전문가로 만들었고, 룬 문자도 가르쳐 주었다는 거야. 또 야를한테 전쟁을 일으켜 많은 부하와 넓은 땅을 다스리는 부족장이 되라고 했다는구나. 바이킹의 신은 전쟁과 용감한 영웅을 좋아했나 봐.

야를은 왕이나 족장, 귀족으로 살면서 넓은 땅에 많은 노예를 거느렸어. 그리고 여러 특권을 누렸지. 하지만 유럽 다른 나라의 왕이나 귀족에 견주면 힘이 그리 크지 않았단다. 사람들을 이끌고 원정을 갔다가 승리를 못 거두거나, 흉년과 기근이 들면 책임을 지고 쫓겨나기도 했어.

그래서 바이킹 세계에는 게으르거나 능력 없는 지도자가 없었어. 부모의 지위를 물려받았다 해도 능력이 없으면 권력을 계속 누릴 수 없었지. 전투에서 승리를 거두고, 자기가 다스리는 사람들을 부유하게 만들어 줄 수 있어야만 지도자의 자리를 지킬 수 있었단다. 능력 있는 지도자를 뽑는 문화가 바로 바이킹이 유럽을 휩쓸며 계속 커 나갔던 비결이기도 해.

알싱이 법원과 의회의 역할을 하다

바이킹이 다른 사람들과 멀찍이 떨어져 산다고 해서 이웃을 전혀 안 만나거나 친구가 없었던 건 아니야. 그들은 여름이면 장사를 하러, 또는 한몫 잡으려고 배를 타고 다른 나라로 원정을 갔어. 그때마다 여러 사람이 모여 함께 떠났지. 그리고 고래나 큰 야생 동물을 잡을 때도 많은 사람이 힘을 합쳤어.

그런데 사람들이 서로 어울리다 보면 다툼이 생길 때가 있어. 때로는 서로 다투다가 살인을 저지르기도 하고, 그 때문에 복수가 계속되는 심각한 일이 벌어지기도 했어.

그럴 때 바이킹은 일 년에 한 번 열리는 자유민 회의인 알싱에서 문제를 해결했단다. 알싱은 지금의 국회와 법원을 합쳐 놓은 것과 같아. 알싱에서 법을 만들고, 족장이나 왕을 뽑거나 쫓아내는 것 같은 중요한 결정을 내렸거든. 그리고 죄지은 사람에 대한 판결도 내렸지. 알싱에서 내린 결정과 판결은 누구나 따라야 했어. 족장이나 왕이라 해도 알싱의 결정과 판결을 제대로 안 지키면 쫓겨날 정도였지.

한편, 누군가의 고발로 열리는 알싱의 재판은 독특하게 진행되었어. 고발한 사람과 고발당한 사람은 자기가 죄가 없다는 것을 밝혀 줄 증인들과 함께 재판에 나와.

그런데 재판에 증인으로 나오는 것은 퍽 위험한 일이었어. 가끔 증인이 거짓말을 하는지 확인하려고 무서운 요구를 했거든. 이를테면 증인한테 새빨갛게 달군 쇠막대를 맨손으로 잡거나 펄펄 끓는 물에서 돌을 꺼내라고 했단다. 그리고 며칠 후에 증인의 손이 잘 낫고 있으면 진실을 이야기한 것이고, 만약 상처가 덧났다면 거짓말을 한 것으로 생각했대.

알싱에서 가장 엄하게 다룬 범죄는 도둑질이야. 바이킹은 도둑질

바이킹 세계에서 재판에 나온 증인은 자기 말이 진실하다는 것을 증명하기 위해 새빨갛게 달군 쇠막대를 잡아야 했다.

알싱 장면을 그린 기록화이다. 알싱은 여름 하지 때 아이슬란드의 수도 레이캬비크 동쪽에 있는 팅벨리르 평원에서 열렸다.

을 아주 수치스러운 범죄로 여겼거든. 그래서 도둑질한 사람을 사형시켰지. 그런데 살인을 저지른 사람은 벌금을 내거나 몇 년 동안 또는 평생 쫓겨나는 정도에 그쳤어. 바이킹은 명예를 지키기 위해서라면 살인도 피할 수 없다고 생각했거든. 그래서 도둑질보다 살인에 대한 형벌이 더 가벼웠던 거야.

　추방당한 바이킹들이 아이슬란드와 그린란드에 갔던 것 기억나지? 그러고 보니 바이킹의 법이 살인에 대해 너그러웠던 까닭에 가장 거친 바이킹들이 새로운 땅을 찾아 모험을 떠날 수 있었던 건지도 몰라.

　알싱이 열리는 때는 바이킹이 조금 한가해지는 여름이었어. 그 가운데 해가 긴 하지 무렵이었지. 알싱은 한 번 열리면 며칠 동안 계속되었어. 그 지역의 족장과 자유민은 모두 알싱에 참석해야 했단다.

바이킹의 놀이

놀이라고 해서 만만하게 생각하면 안 돼. 바이킹의 놀이는 거칠고 떠들썩했어. 거의 전투 훈련에 가까웠지. 바이킹은 놀이에서 지면 명예를 잃는다고 생각했어. 그래서 승부가 날 때까지 경기를 계속했단다. 레슬링 시합에서 심각하게 다치는 것은 보통이고, 한 사람이 죽어야 끝나기도 했어. 그렇다고 바이킹이 싸우는 놀이만 한 것은 아니야. 수영이나 스키, 스케이트로 경주를 하기도 했어. 물론 더 얌전한 놀이도 있어. 지금의 체스나 장기와 비슷한 놀이도 아주 인기가 많았단다.

알싱은 여기저기 흩어져 살던 바이킹들이 오랜만에 한자리에 모여 잔치를 여는 자리이기도 했어. 알싱이 열리면 먼 곳에서 상인들이 찾아오고, 여러 집안에서 결혼 이야기가 오갔지. 체스나 말 싸움, 레슬링 같은 경기가 벌어지는가 하면, 해가 진 뒤에는 시인들이 바이킹의 영웅담을 멋들어지게 읊기도 했단다.

문학과 예술을 즐기다

스칸디나비아는 겨울이 매우 길고 추워. 기나긴 추운 겨울밤에 바이킹은 무엇을 했을까? 불가에 둘러앉아 시로 된 신이나 영웅들의 이야기를 나누었

바이킹들이 전쟁터에서 죽은 뒤 발할라 신전에서 잔치를 벌이는 모습을 그린 그림이다.

지. 우리가 알고 있는 바이킹의 전설 대부분이 이렇게 입에서 입으로 전해진 시들이란다. 이런 시들을 '사가'라고 해.

바이킹 가운데 사가를 짓는 전문 시인도 있었는데, 이들을 '스칼드'라고 했어. 스칼드는 새로운 사가를 짓기도 하고, 알싱 같은 바이킹의 큰 행사나 왕과 귀족의 잔치 때 사가를 멋지게 읊조려 분위기를 살렸지.

사람들은 스칼드처럼 이야기 잘하는 사람을 오딘이 준 벌꿀 술을 맛본 사람이라고 했어. 오딘은 시의 신이기도 했거든.

사가는 입으로만 전해지다가 크리스트교와 라틴어가 스칸디나비아에 퍼진 12세기 말쯤에 글로 써졌단다.

그런데 바이킹한테도 문자가 있었어. 모두 열여섯 개의 글자로 이루어진 룬 문자야. 바이킹은 룬 문자를 종이에 써서 책을 만드는 대신 날카로운 도

롱십 앞머리를 장식한 용머리 조각이다. 바이킹들은 롱십의 앞머리에 무서운 동물을 조각해 적한테 겁을 주었다. 노르웨이 바이킹 배 박물관에 있다.

구로 나무나 돌, 쇠나 뼈같이 딱딱한 것에 새겼어. 그래서 룬 문자는 새기기 쉽게 대부분 직선으로 되어 있어. 바이킹은 라틴 어를 쓰기 전까지 사가나 법률을 책으로 만들지 않았단다.

바이킹은 룬 문자가 특별한 힘을 가진 마법의 주문도 된다고 생각했어. 그래서 룬 문자를 읽고 쓸 줄 아는 사람을 특별한 사람으로 존경했지.

오딘을 새긴 메달. 바이킹 시대 덴마크의 장인이 만든 것으로, 푸넨에서 발굴하였다.

또 바이킹은 아름다운 장식품에 관심이 많았어. 많은 바이킹이 장신구나 비단, 보석 등을 얻으려고 위험을 무릅썼단다.

바이킹이 특히 좋아한 것은 귀금속과 보석으로 만든 정교한 장식품이야. 그래서 바이킹의 유적지에서 장인들이 만든 아름다운 목걸이, 팔찌, 단추 같은 여러 가지 장식품이 많이 나온단다.

그런가 하면 바이킹은 독특한 그림 돌을 남겼어. 그림 돌은 특별한 사건이나 사람을 기념하려고 만든 거야. 주로 사람, 배 그리고 신화 속 장면들을 돌에 그려 넣었지.

룬 문자 비석이다.
바이킹들은 룬 문자에 특별한 힘이 깃들어 있다고 믿었다.

73

활발한 교역 활동과 무역 도시

스칸디나비아에는 자원과 먹을거리가 모자랐어. 그래서 바이킹은 일찍부터 여러 나라와 교역을 해야만 살아갈 수 있었지. 바이킹은 거친 바다를 두려움 없이 다니며 새로운 바닷길을 찾아내 교역로를 만들었단다. 또 정복한 지역 곳곳에 무역항과 무역 도시를 만들었어. 바이킹은 유럽의 상업 발전을 이끈 사람이란다.

중요한 스칸디나비아 무역 도시 위치를 표시한 지도이다.

무역 도시에 외국 상인들의 발걸음이 끊이지 않다

9세기 초, 스칸디나비아 지방에 무역 도시가 하나 둘 생기기 시작했어. 그리고 바이킹의 정복과 교역 활동이 활발해질수록 무역 도시들이 더욱 커지고 활기를 띠었어.

다른 나라에서 스칸디나비아의 무역 도시들을 찾아오기란 아주 힘들었단다. 이 무렵 한 아랍 상인이 이곳을 찾아왔다가 세상 끝에 다녀왔다고 말했을 만큼 먼 길이었어. 그런데도 유럽 여러 나라뿐 아니라 멀리 아랍에서까지, 전 세계 상인의 발길이 끊이지 않았어. 스칸디나비아의 무역 도시에는

스웨덴의 민속촌으로 바이킹 도시의 집과 사람들을 재현한 모습이다.

바이킹 전사와 상인들이 세계 곳곳에서 가져온 진귀한 물품이 가득했거든. 그야말로 모든 것을 사고팔 수 있는 곳이었지.

그래서 무역 도시의 부두는 늘 많은 배로 북적였어. 어떤 때는 정박할 자리가 없어서 항구 바깥 바다에서 다른 배가 나가기를 기다려야 했을 정도야. 배에서 내린 상품은 항구 가까이에 있는 창고에 보관했어. 상품 꾸러미에는 상품 주인이 자기 물건을 찾을 수 있게 룬 문자가 새겨진 작은 표지판을 달아 놓았단다.

그런데 다른 나라 상인들은 해적으로 악명 높은 바이킹의 나라에 가는 것이 안 무서웠을까? 다행히 무역 도시는 안전한 곳이었어. 바이킹 왕들이 다

바이킹의 무역 도시에는 유럽은 물론 멀리 이슬람 세계의 상인들까지 찾아왔다.

른 나라 상인이 무역 도시에서 마음 놓고 장사할 수 있게 무지 애썼거든.

무역 도시들은 보통 바다 쪽의 항구를 빼고 도시 둘레에 높은 성벽을 쌓았어. 그리고 용맹한 바이킹 전사들이 무역 도시를 지키고 있었지. 바이킹은 다른 곳을 많이 공격했으니, 방어가 얼마나 중요한 것인지 알고 있었거든.

또 무역 도시에는 왕이 보낸 행정 장관이 가격이나 물건을 속이는 일, 시장에서 행패를 부리는 일 등을 엄격하게 단속했어. 그런가 하면 다른 나라 상인들을 위해 무역 도시의 법도 따로 만들었지. 그래서 다른 나라 상인도 무역 도시에서는 스칸디나비아 상인과 똑같이 마음을 놓고 물건을 사고 팔았단다.

바이킹 왕들이 이렇게 무역 도시를 보호하

바이킹 무역 도시 헤데비에서 발굴한 동전이다.

는 데 많은 애를 쓴 것은 무역 도시에서 큰 이익을 챙겼기 때문이야. 상인들이 항구에 배를 대고 물건을 내리는 대가로 내는 세금이 꽤 많았거든.

게다가 왕은 상인들이 가져온 물건 가운데 원하는 것을 첫 번째로 고를 수 있는 권리를 가졌어. 모두가 탐내는 귀한 물건을 먼저 고르면 많은 이익을 남길 수 있었거든. 그러면서 바이킹 왕들은 점점 더 부자가 되고 힘도 커졌단다.

바이킹 무역 도시에서 발굴한 도금 펜던트(왼쪽)와 불상(오른쪽)이다. 바이킹 무역 도시에는 세계 여러 나라에서 갖가지 물건들이 모여들었다.

장인과 상인들이 솜씨와 수완을 발휘하다

바이킹은 대부분 홀로 떨어진 농장에 살았어. 하지만 9세기 무렵부터는 큰 무역 도시에 사는 사람도 꽤 되었단다. 이를테면 헤데비에는 1,500여 명의 주민이 살았어. 그리고 집과 화물 창고가 빽빽하게 들어서 있었고, 좁은 길에 짐꾼과 상인, 짐수레가 북적거렸다고 해.

주민 가운데 장인과 상인들이 가장 많았어. 장인들은 무역항의 성벽 뒤에

빽빽하게 들어선 작업장에서 일했어. 솜씨 좋은 장인들이 만든 소뿔 빗, 유리 염주, 옷감, 칼자루, 보석 장신구 등은 다른 나라 상인한테 큰 인기를 끌었단다. 큰 성공을 거둔 바이킹과 그 가족을 위해 만든 팔찌와 브로치 등도 늘 잘 팔리는 물건이었지.

바이킹 상인들은 스칸디나비아의 특산품인 담비 가죽이나 바다표범의 이빨, 순록 뿔 그리고 바이킹 장인이 만든 칼자루, 금과 은으로 만든 장신구 등을 팔았어. 하지만 바이킹 상인한테 가장 큰 이익을 남겨 준 것은 노예였대. 프랑크 왕국과 비잔티움 제국, 이슬람 제국에서 온 상인뿐 아니라 부유한 바이킹들도 노예를 샀어. 바이킹 전사들이 곳곳에서 전투를 벌여 잡아 온 포로가 노예로 팔려 나갔지.

은과 구슬 장식품이다. 무역 도시의 장인들이 만든 은과 구슬 장식품 같은 수공업 제품은 다른 나라 상인들한테 큰 인기를 끌었다.

바이킹 상인들은 스칸디나비아의 무역항만이 아니라 전 세계를 다니면서 장사를 했어. 한 번 장사를 떠나면 돌아오기까지 시간이 오래 걸려서 준비를 단단히 했지. 배를 수리하고, 젊고 힘센 선원을 뽑고, 가서 팔 물건들을 꼼꼼하게 챙겼어. 그동안 고향에 남아 있는 가족들은 동료 상인들이 서로 돌보아 주었단다.

그럼 바이킹 상인들은 장사를 어떻게 했을까? 혹시 마음에 안 드는 상대를 만나면 무서운 무기로 겁주지 않았을까? 그런 걱정은 안 해도 된단다. 바이킹 상인들은 오랫동안 거래하려면 서로 믿어야 한다는 것을 잘 알고 있었어. 그래서 자기들만의 방식을 고집하지 않고, 상대방의 관습에 맞추어 거래를 했지.

그러다 보니 특이한 방식으로 거래하기도 했단다. 이를테면 러시아의 백해 해안 지방에서는 말없이 거래를 했어. 그 지역 사람들이 다른 지역 사람들을 안 만나려고 했기 때문이래.

그래서 거래를 하려는 사람이 정해진 곳에 자기가 팔 물건을 가져다 놓고, 그 옆에 사고 싶은 물건의 그림도 같이 놓았지. 그러고는 몇 시간 동안 그 장소를 떠나 있었어. 그러면 그 지역 사람이 와서 보고 내놓은 물건이 마음에 들면 가져가고, 대신 상대가 원하는 물건을 가져다 놓는 거야. 물건이 마음에 안 들어서 그냥 가 버리면 거래는 안 이루어지는 거였지. 이렇게 바이킹 상인들은 다른 지역의 관습을 지키는 성실한 태도로 신뢰를 받으며 전 세계를 누볐단다.

바이킹 상인들은 다른 나라 상인과 교역할 때 상대방의 상거래 관습에 맞추어 거래하는 유연한 장사 수완을 발휘했다.

바이킹의 신앙과 신화 세계

바이킹 신화를 들어 본 적 있어? 잘 모른다고? 알고 보면 바이킹이 섬기던 신들의 세계는 생각보다 우리 가까이에 있단다. 『백설공주와 일곱 난쟁이』 이야기에서 난쟁이들이 하는 일이 뭐였는지 기억나? 난쟁이들은 광산에서 보석을 캤지. 그런데 땅속에 살면서 보석을 캐고 멋진 장신구를 만드는 난쟁이의 모습은 바이킹 신화에서 처음으로 나왔단다. 난쟁이 말고도 동화 속의 요정이나 거인들도 바이킹 신화에 나와. 그럼 바이킹 신화에 나타난 세계는 어떤 모습인지 살펴볼까?

신들이 바이킹을 닮다

바이킹은 아주 많은 신을 믿었어. 너무 많아서 다 셀 수 없을 정도지. 그런데 바이킹 신들 가운데 우리한테 친숙한 이름도 많아. 요일을 가리키는 영어 단어 속에 바이킹 신들의 이름이 숨어 있거든.

오딘이다. 바이킹 신 가운데 최고 신인 오딘은 지혜를 얻는 대신 한쪽 눈을 잃었다.

먼저 화요일인 Tuesday는 전쟁의 신 티르(Tyr)의 날이야. 수요일인 Wednesday는 폭풍의 신 오딘(Woden)의 날, 목요일인 Thursday는 천둥과 벼락의 신 토르(Thor)의 날, 금요일인 Friday는 사랑의 신 프레이야(Freyja)의 날이란다.

폭풍의 신인 오딘은 바이킹 신들 가운데 최고의 신으로 꼽혀. 그런데 오딘은 세상의 모든 지혜를 얻는 대가로 한쪽 눈을 내놓아 눈이 하나밖에 없단다. 바이킹 세계를 잘 다스리기 위해 자기 눈을 희생한 거야.

바이킹은 자신들을 위해 눈까지 잃은 오딘을 최고의 신으로 섬겼어. 그래서 오딘은 지혜의 신이자 전사들의 신이기도 했단다.

토르는 천둥이라는 뜻으로, 오딘의 아들이야. 토르가 들고 다니는 묠니르라는 망치는 번개를 만들어 냈지. 게다가 번개로 만든 신발을 신고 다녔어. 또 토르는 평소에 염소 두 마리가 끄는 전차를 타고 다녔단다. 그래서 바이킹은 천둥과 번개가 치면 토르가 전차를 타고 하늘을 가로질러 간다고 생각했대.

토르이다. 토르는 천둥과 번개의 신으로, 들고 다니는 묠니르로 번개를 만든다.

농부들이 좋아한 벼락의 신 토르

바이킹 농부들은 풍요의 신 프레이르보다 토르한테 더 많이 의지했어. 늘 거인들과 싸움만 벌이는 벼락의 신을 농부들이 왜 좋아했을까? 그건 토르가 상대하는 거인들을 보면 알 수 있단다. 토르가 맞서 싸우는 거인이 얼음 거인과 바위 거인이거든. 그러니까 농부들은 농사를 지을 수 있게 언 땅을 녹여 달라고, 또 땅을 쉽게 갈 수 있게 큰 돌을 없애 달라고 토르한테 기도했던 거야.

토르는 성격이 급했지만, 인정이 많았어. 또 힘이 세서 신들이 어려움을 겪으면 가장 먼저 나서서 문제를 해결했단다. 그래서 토르는 바이킹의 사랑을 가장 많이 받았고, 때로는 오딘을 제치고 최고의 신으로 꼽히기도 해.

한편, 로키는 큰 문제를 자주 일으키는 신이야. 좋게 말하면 심심한 것을 못 참는 장난꾸러기 신이고, 나쁘게 말하면 온갖 사건을 일으키는 말썽꾸러기 신이지.

그렇다고 바이킹 신들이 오딘, 토르, 로키처럼 모두 거칠고 무시무시한 것은 아니야. 오딘의 또 다른 아들 발데르는 정의의 신이란다. 발데르는 현명하고 친절하며, 나쁜 생각은 하지 않는 신이야. 발데르의 궁전에는 거짓말쟁이가 들어갈 수 없었대. 그래서 신이라도 거짓말을 자주 하면 발데르의 궁전에 얼씬도 못했어.

또 프레이르와 프레이야는 풍요와 사랑의 신이야. 바이킹 신 가운데 가장 아름답고 착하며 너그

토르 조각이다.
몸에 지니고 다니기 편하게 작게 만들어졌다.

러운 신들이지. 둘은 쌍둥이 오누이 사이란다. 오빠인 프레이르는 날씨를 좋게 하고 햇빛을 보내 주는 풍요의 신이야. 동생인 프레이야는 사랑의 여신이야. 세상에서 가장 아름다울 뿐 아니라 연인들이 사랑을 이룰 수 있게 해 주지. 프레이야는 바이킹이 가장 사랑한 여신이란다.

살아서도 죽어서도 신과 함께하다

바이킹들은 신한테 기도하려고 큰 사원을 세우거나, 사제가 신을 대신해서 권력을 휘두르는 일이 없었어. 대신 바이킹은 작은 숲이나 샘 또는 거다란 바위가 있는 들판 같은 곳에서 늘 신한테 기도했단다. 많은 사람이 모여 중요한 제사를 지낼 때는 지방의 족장이 대표로 기도했고, 집안의 제사에서는 가장이 기도를 했어.

기도 내용은 때에 따라 달랐어. 상인은 돈을 많이 벌게 해 달라고 기도했고, 농부는 날씨가 좋고 수확이 풍성하기를, 또 가축이 늘어나기를 빌었지. 그리고 전쟁을 앞둔 전사들은 승리를 거두

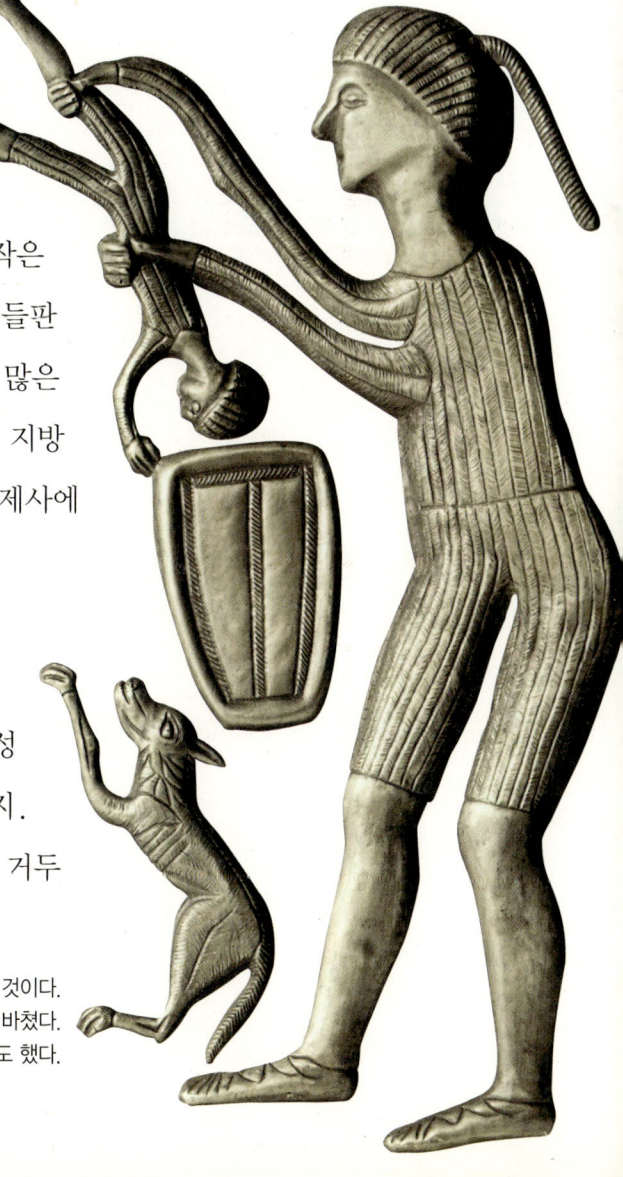

신한테 제물을 바치는 모습을 조각한 것이다.
바이킹은 신한테 가축을 비롯해 여러 제물을 바쳤다.
때때로 전쟁에서 잡아 온 포로를 제물로 바치기도 했다.

바이킹의 배 모양 무덤이다. 바이킹들은 사람이 죽으면 시신을 배에 싣고 화장을 했다. 하지만 가난한 사람들은 시신을 묻은 뒤 돌로 배 모양을 만들었다.

게 해 달라고 기도했어.

그럼 바이킹은 어떤 신한테 가장 많이 기도를 했을까? 정답은 없어. 그때그때 자기 말을 가장 잘 들어 줄 것 같은 신한테 기도했지. 이를테면 농부가 수확이 풍성하기를 빌 때, 어떤 때는 프레이르나 토르한테 빌고, 또 다른 때는 오딘한테 빌었어.

그런데 바이킹은 기도를 말로만 해서는 효과가 없다고 생각했어. 그래서 정성껏 준비한 제물을 신한테 바쳤단다. 동물이나 곡식, 비싼 보물, 때로는 사람까지도 제물로 바쳤어. 그렇다면 정성껏 제사를 지냈는데도 기근이 들

발키리가 전쟁터에서 죽은 병사들을 발할라 궁전으로 인도하는 그림이다.

거나 전쟁에서 지면 바이킹은 어떻게 했을까?

바이킹은 신한테 화를 내고, 욕을 했어. 모시던 신을 버리고 다른 신을 섬기기도 했지. 심할 때는 부족의 대표로 제사를 지낸 족장이 쫓겨나거나 죽임을 당하는 일도 있었다고 해.

그리고 바이킹은 죽은 뒤에 새로운 삶이 있다고 믿었어. 그래서 사람이 죽으면 쓰던 물건을 죽어서도 쓸 수 있게 함께 묻었단다. 신분이

발키리
원래는 자연의 정령이었지만, 나중에는 갑옷을 입고 사나운 말을 타고 공중을 날아다니는 여전사가 되었다. 오딘의 명에 따라 전쟁터에서 죽은 영웅을 발할라로 데려간다.

발할라
바이킹 신화에서 전쟁터에서 죽은 영웅들이 사는 궁전이다. 라그나뢰크 때 전사들을 빨리 전쟁터로 내보내려고 문이 540개나 있다고 한다.

높은 사람은 시중을 들어줄 첩이나 노예, 애완 동물이나 말을 같이 묻기도 했어. 또 부유한 사람은 귀한 물건과 배를 함께 묻기도 했어.

덴마크에서 발굴한 한 바이킹 귀부인의 무덤에서는 서른 명의 노잡이가 필요한 커다랗고 아름다운 배가 나왔어. 배 안에는 수레와 썰매, 침대, 텐트를 비롯해 말 여섯 마리와 여종까지, 사후 세계에서 살아가는 데 필요한 모든 것이 갖추어져 있었지.

부유하지 못할 때는 배 대신 마차를 묻기도 했고, 무덤 둘레에 배 모양으로 돌을 세워 놓기도 했단다. 어떤 곳에서는 배에 시신을 실은 다음 화장하기도 했대. 그러면 불길을 타고 더 빨리 하늘나라로 갈 수 있다고 생각했다는구나.

사후 세계에서의 삶이 가장 화려한 사람은 전쟁터에서 용감하게 싸우다 죽은 전사들이었어. 전쟁터에서 죽은 전사들은 *발키리의 안내를 받아 아스가르트에 있는 *발할라 궁전으로 갔대.

발할라 궁전에 다다르면 오딘이 직접 전사들을 맞이했고, 전사들은 그곳에서 다시 죽을 걱정 없이 용감하게 전투 훈련을 했지. 죽은 다음에 뭐 하러 열심히 전투 훈련을 하냐고? 다가올 최후의 전쟁인 라그나뢰크에 대비하는 거야. 라그나뢰크 때 악의 세력과 전쟁을 하면서 오딘의 전사로 싸우다 다시 한 번 영원히 죽게 된단다.

나이가 들거나 병으로 죽은 사람들은 발할라에 못 들어가지만, 살아서 나

라그나뢰크 이후 세계 모습을 그린 그림이다. 바이킹들은 신과 거인들의 마지막 전쟁이 끝나면 평화롭고 모두가 행복한 세상이 온다고 믿었다.

쁜 짓을 저지르지 않았으면 토르나 프레이르 둘레에서 영원한 휴식을 취할 수 있어. 물론 나쁜 사람들은 죽은 후에 신의 사랑을 받지 못하고 헬이 다스리는 지옥으로 가거나, 추위와 어둠 속을 끝없이 떠돌아다녀야 했어.

　죽은 후의 삶 가운데 바이킹이 최고로 치는 것은 발할라에서 오딘의 전사로 사는 거야. 하지만 모든 사람이 전쟁터에서 죽을 수는 없지. 그래서 바이킹 가운데 전쟁터에서 죽은 것처럼 보이려고 창으로 자살하는 사람도 있었대. 그런다고 설마 지혜의 신 오딘이 속지는 않았겠지?

Q&A 역사 속 뒷이야기

1. 스칸디나비아 무역 도시에 왔던 상인들은 다른 바이킹 땅도 여행했을까?

❶ 아닐걸. 바이킹의 땅에서 외국인은 아무 보호도 받을 수 없었거든. 바이킹이 외국인을 죽여도 처벌받지 않아. 외국인이 부상을 당하거나 목숨을 잃었을 때 바이킹과 똑같이 보상과 도움을 받을 수 있는 곳은 무역 도시뿐이었단다. 무역 도시가 그렇게 번영을 누렸는데도, 다른 바이킹 지방을 다녀온 여행기가 없는 게 다 그 때문인가 봐.

2. 바이킹 옷에 없는 것은 무엇일까?

❷ 단추! 그럼 옷은 무엇으로 여몄을까? 쇠붙이로 만든 브로치로 옷을 여몄단다. 가난한 사람은 그냥 쇠붙이로, 부자들은 금이나 은으로 만든 멋진 브로치를 달았지. 여자들은 이 브로치에 사슬을 이어서 자주 쓰는 바늘이나 가위, 칼 같은 물건을 매달았어. 열쇠 꾸러미에 여러 가지 도구까지 몸에 주렁주렁 달고 다녔으니, 꽤 무거웠겠지?

3. 바이킹 남자들은 왜 망토를 항상 오른쪽 어깨에 고정했을까?

❸ 혹시라도 싸움이 벌어질 때 오른손을 자유롭게 쓰기 위해서였어. 싸우는 도중에 망토가 흘러내리면 큰일이잖아. 전쟁터에 나갈 때만 대비한 것은 아니야. 바이킹 속담 가운데 "누가 그대를 노릴지 결코 알지 못한다. 그러니 문밖으로 나가기 전에 늘 주위를 살펴라."는 말이 있어. 또 "밖에 나갈 때는 언제나 칼과 창을 가지고 다녀라. 언젠가 적이 눈앞에 나타나리라."는 것도 있지. 바이킹 남자들은 늘 싸울 준비를 하고 살았나 봐.

❹ 바이킹은 대략 쉰 다섯 살까지 살았대. 비록 기생충과 벼룩 때문에 고통받기는 했지만, 그 당시 다른 나라 사람들에 견주면 아주 건강하게 오래 산 편이야.

4. 바이킹은 얼마나 오래 살았을까?

❺ 바이킹은 자기들의 배를 경주마라는 뜻의 '스카이드'라고 불렀어. 빠른 배가 무척 자랑스러웠나 봐. 그런데 보통 스카이드라고 부르는 것 말고도 배 하나하나에 따로 이름을 붙이기도 했어. '물거품 위를 달리는 자', '파도 위의 말', '피오르의 사슴', '해신의 백조'처럼 아주 멋진 이름을 붙였단다.

5. 바이킹은 자기의 배를 뭐라고 불렀을까?

❻ 바이킹은 쇠뿔로 만든 술잔을 썼어. 모양은 아주 우아했지만, 쓰기에 불편했을 거야. 술잔의 뾰족한 끝을 많이 잘라 내면 밑에 구멍이 생겨. 그러면 술이 샐 테니 어쩔 수 없이 그냥 뾰족한 쇠뿔을 잔으로 썼단다. 그런데 이 뿔잔을 내려놓으면 쓰러져서 술이 다 쏟아져 버려. 그래서 잔을 받으면 남김없이 마셔야 했다는구나.

6. 바이킹은 술을 어디에 따라 마셨을까?

❼ 바이킹은 결투를 통해 다툼을 해결하기도 했어. 재판에서 누가 옳은지 가리기 어려울 때 결투를 했지. 결투는 땅에 작은 공간을 표시해 놓고 이루어졌어. 보통 칼과 도끼, 방패를 들고 한쪽이 죽을 때까지 싸웠단다. 두 사람의 주장이 팽팽하게 맞설 때, 결투에서 이긴 사람의 말이 맞는 것으로 결정했대. 바이킹 세계에서는 이길 자신이 없으면 다른 사람과 함부로 다투지 않았겠지?

7. 바이킹은 다툼이 생기면 어떻게 해결했을까?

2부

바이킹이 꿈꾸던 낙원을 이룬 후예들

11세기 이후 바이킹은 스칸디나비아에 있는 자신들의 나라를 새롭게 가꾸어 나갔단다. 자신들이 꿈꾸던 풍요로운 나라를 차근차근 만들어 간 거야. 바이킹이 만든 나라들은 때로 경쟁하고, 때로는 협력하면서 1,000년 동안 많은 발전과 변화를 이루었어. 한때는 이웃 나라들의 위협을 물리치고 다른 나라의 부러움을 샀지. 그런가 하면 강대국에 기름진 땅을 빼앗기고 폐허에서 다시 시작하는 어려움도 이겨 내야 했단다.

오늘날 스웨덴, 덴마크, 노르웨이를 비롯해 핀란드, 아이슬란드까지 북유럽의 여러 나라는 세계에서 가장 앞선 복지 제도를 갖추었어. 그리고 모든 국민이 다 함께 잘사는 나라를 만들어 가고 있단다. 북유럽 사람들이 어떻게 세계에서 가장 살기 좋은 나라를 만들어 왔는지 지금부터 살펴보자꾸나.

바이킹 후예들이 이룬 기적

스칸디나비아 삼국의 등장과 발전

바이킹이 유럽을 휩쓰는 동안 유럽은 많은 변화를 겪었어. 그런데 가장 큰 변화는 바이킹의 고향에 일어났단다. 여러 부족으로 갈라져 있던 바이킹들이 나라를 세우기 시작한 거야. 새로 태어난 나라들은 처음에 시련이 많았어. 왕과 귀족이 서로 다투었고, 다른 나라의 괴롭힘에 시달리기도 했지. 하지만 덴마크, 노르웨이, 스웨덴은 차츰 나라의 기틀을 다지고, 유럽 세계에 이름을 알리기 시작했단다.

세 나라가 서로 경쟁하다

바이킹이 유럽에서 기세를 떨칠 때 바이킹의 고향에도 나라가 세워지기 시작했어. 하지만 새 출발이 쉽지만은 않았지. 왕은 왕권을 튼튼하게 다지려고 귀족을 억눌렀고, 귀족은 자신들의 권리를 빼앗기지 않으려고 왕에 맞섰거든. 나라 안만 어지러웠던 게 아니야. 국경을 맞대고 있던 *신성 로마 제국 등 이웃 나라들과도 심심치 않게 다툼이 일어났어. 안팎의 반란과 전쟁으로 어지러운 시대가 이어졌지.

> **신성 로마 제국**
> 962년 오토 1세가 로마 교황한테 대관을 받은 때부터 1806년 프란츠 2세가 나폴레옹에 패하여 황제 자리에서 물러날 때까지의 독일 제국 정식 명칭이다.

그러다가 덴마크가 가장 먼저 탄탄한 나라를 만들었어. 1157년에 발데마르 1세가 내전에 휩싸였던 덴마크를 다시 통일하고서 국력을 키웠어. 지금 덴마크의 수도인 코펜하겐도 이때 건설되었단다. 그 뒤로 약 100년 동안 덴마크는 전성기를 누렸어.

노르웨이는 덴마크보다 100년쯤 늦은 13세기 중반, 호콘 4세 때 황금시대를 맞았어. 어렵게 왕위에 오르고, 귀족들한테 시달린 호콘 4세는 왕의 권력을 키우려고 노력했어. 먼저 귀족들이 왕을 뽑는 전통을 없앴지. 그리고 왕의 아들이 왕위를 물려받도록 법으로 정했어.

호콘 4세는 무역과 외교에서도 큰 성과를 거두었어. 영국을 비롯해 독일의 무역 도시 뤼베크와 무역 협정을 맺었고, 아이슬란드와 그린란드를 노르웨이 땅으로 만들었지. 또 예술을 장려했고, 서유럽의 문학 작품을 노르웨이 어로 번역하는 일을 후원했어.

북대서양 지역을 그린 옛 지도이다. 영국, 아일랜드, 노르웨이, 덴마크, 스웨덴, 아이슬란드, 그린란드 등이 그려져 있다.

노르웨이에서 호콘 4세가 활약할 무렵, 스웨덴에는 망누스 1세가 있었어. 망누스 1세는 무리한 세금과 호족의 횡포에서 백성을 보호해 주었어.

그 당시에 스웨덴에는 호족들이 많은 하인과 부하를 거느리고 여행하는 풍습이 있었어. 그런데 이들은 여행하는 동안 자유민의 집에 손님으로 가서는 대가도 지급하지 않고 그 집의 먹을거리를 순식간에 먹어 치우곤 했단다. 망누스 1세는 호족의 이런 횡포를 금지하는 법을 만들었지. 그리고 기사가 된 부유한 자유민한테 세금을 면제해 주었어. 이렇게 백성의 편에 선 망누스 1세를 사람들은 '곳간 자물쇠 왕'이라고 불렀단다.

덴마크가 스칸디나비아 통일 왕국을 만들다

14세기에 덴마크, 노르웨이, 스웨덴은 어려움이 많았어. 이 무렵 흑사병이 유럽을 휩쓸어 사람들이 많이 죽고, 경제도 엉망이 되었거든. 게다가 신성 로마 제국의 상인들이 *한자 동맹을 만들어 발트 해를 장악하고는 스칸디나비아의 경제를 쥐고 흔들었어. 때로는 왕위 계승 전쟁에 끼어들어 자기들한테 유리한 사람을 왕으로 세울 정도였어.

문화와 언어가 비슷했던 스칸디나비아의 세 왕국은 힘을 합쳐 한자 동맹의 횡포에 대항했지. 그리고 어려운 시기를 함께 겪으면서 세 나라끼리 뭉쳐야 한다는 생각이 커졌어. 결국 1397년에 스칸디나비아의 세 나라가 하나로 합쳤단다.

스칸디나비아 통일 왕국을 만드는 데는 덴마크의 공주였던 마르그레테의 활약이 컸어. 1363년 마르그레테는 스웨덴과 노르웨이 통합 왕국의 왕자인 호콘과 결혼했어. 둘 사이에서 올라프 왕자가 태어났는데, 이 왕자가 덴마크와 노르웨이의 공동 왕이 돼. 즉, 덴마크와 노르웨이 연합 국가가 만들어진 거야.

> **한자 동맹**
> 13세기부터 15세기에 독일 북부 연안과 발트 해 연안의 여러 도시 사이에 이루어진 도시 연맹이다. 교역에서 이익을 지키고 상권을 키우려고 만들었다.

마르그레테는 신성 로마 제국과 한자 동맹의 간섭과 횡포에서 나라를 지키려고 무척 애썼다.

스웨덴 칼마르 성을 그린 그림이다. 1397년에 덴마크, 스웨덴, 노르웨이 삼국이 칼마르 동맹을 맺은 곳이다.

울라프가 아직 어렸기 때문에 마르그레테가 대신 나라를 다스렸어. 그러면서 노르웨이 서해안의 주요 항구와 도시들을 한자 동맹에서 다시 빼앗고, 신성 로마 제국과 맞닿은 덴마크 남쪽의 국경을 튼튼히 했단다.

1387년 울라프 왕이 갑자기 죽었지만, 마르그레테는 흔들림 없이 두 나라를 계속 다스리며 스웨덴의 귀족들까지 설득해서 왕위 계승권을 받았지.

그 뒤 마르그레테는 세 나라를 하나로 묶으려고 애를 많이 썼어. 그리고 1397년 세 나라 사이에 칼마르 동맹이 만들어지면서 덴마크와 노르웨이, 스웨덴은 하나의 나라가 되었어.

칼마르 동맹 문장이다. 칼마르 동맹의 첫 왕인 에리크 왕이 만들었다.

칼마르 동맹의 첫 번째 왕은 마르그레테의 어린 조카 에리크였지만, 실제로 왕국을 다스린 사람은 마르그레테였어.

마르그레테는 강한 왕이 다스리는 나라를 꿈꾸었단다. 그래서 귀족들의 권한을 줄이고, 전국에 왕이 임명한 관리들을 보내 귀족이 마음대로 지방을 다스리지 못하게 감시했어.

그뿐 아니라 마르그레테는 스칸디나비아를 완전한 한 나라로 만들려고 스칸디나비아 지역의 세 나라가 독자적인 법과 관습을 유지해야 한다고 주장하는 귀족들과 맞섰어. 다행히 마르그레테가 귀족들을 잘 설득했기 때문에 큰일은 없었어.

스칸디나비아 통일 왕국은 126년 동안 이어졌어. '북방의 *세미라미스'라고 불린 마르그레테는 스칸디나비아의 가장 뛰어난 지도자로 꼽힌단다.

> **세미라미스**
> 아시리아의 전설상의 여왕이다. 어린 아들을 대신해 나라를 다스리며 바빌론을 다시 짓고 공중 정원을 건설했다고 알려졌다.

덴마크 한 도시에 세워진 마르그레테의 동상(오른쪽)과 포메라니아의 에리크를 새긴 은메달(왼쪽)이다. 마르그레테 여왕의 조카인 에리크는 칼마르 동맹의 첫 왕이다.

발트 해를 둘러싼 경쟁

칼마르 동맹으로 탄생한 스칸디나비아 통일 왕국은 1523년에 스웨덴이 독립하면서 깨졌어. 그 뒤 덴마크와 스웨덴은 발트 해를 둘러싸고 서로 경쟁했지. 여기에 러시아까지 끼어들면서 북유럽에 전쟁이 계속되었어. 한동안 스웨덴이 북방의 사자로 불리며 위세를 떨쳤지만, 여러 차례 전쟁을 거치면서 스웨덴과 덴마크는 어느새 작고 초라해졌단다. 그렇지만 두 나라의 국민은 그대로 주저앉지 않았어. 강한 나라를 만들려고 새로운 노력을 시작했지. 한편, 그 무렵 덴마크와 스웨덴의 지배를 받던 노르웨이와 핀란드에서는 독립에 대한 열망이 점점 커지고 있었단다.

스웨덴이 덴마크의 지배에서 벗어나다

1500년대 초부터 스웨덴에서 덴마크 왕의 통치에 반대하는 투쟁이 활발해졌어. 덴마크 왕이 스웨덴 국민을 무시하고, 독재를 하면서 세금을 많이 걷었거든. 이 무렵 스웨덴 귀족 구스타브 바사가 덴마크 왕에 맞서 싸우다가 덴마크에 잡혀갔어.

얼마 뒤 바사는 탈출해서 스웨덴으로 돌아왔단다. 스웨덴 사람들의 독립운동이 더욱 거세게 불타오르고 있을 때였지.

독립운동이 계속되자 덴마크 왕이 스웨덴 귀족들한테 협상을 하자고 했

구스타브 바사가 전국을 돌아다니며 스웨덴 국민한테 독립운동에 나서자고 설득하는 그림이다.

어. 하지만 그것은 덴마크 왕의 계략이었어. 덴마크 왕은 협상을 하는 척하다가 협상에 참가한 스웨덴 귀족들을 모조리 처형해 버렸지 뭐야. 이 사건을 '스톡홀름 대학살'이라고 해.

구스타브 바사의 아버지와 삼촌 두 명도 이때 처형되었어. 게다가 남은 가족도 덴마크의 감옥으로 끌려갔단다. 그렇지만 바사는 독립 의지를 꺾지 않았어.

바사는 덴마크군에 쫓기면서도 스웨덴 곳곳에서 사람들을 모아 군대를 만들어 싸웠어. 1523년 마침내 스웨덴 사람들은 덴마크를 몰아내고, 구스타브 바사를 새로운 왕으로 뽑았단

구스타브 1세 초상화이다.

스칸디나비아 칠 년 전쟁(위쪽)과 칼마르 전쟁(아래쪽) 기록화이다. 17세기 초, 덴마크와 스웨덴은 발트 해의 주도권을 두고 여러 차례 전쟁을 벌였다.

다. 스웨덴이 독립한 거야.

구스타브 1세가 왕이 될 무렵, 유럽에는 *루터의 *종교 개혁 운동이 들불처럼 퍼지고 있었어. 구스타브 1세는 부패한 가톨릭교회를 버리고 루터교를 국교로 정한 뒤, 교회의 막대한 재산을 몰수해 나라 재정을 튼튼히 하고, 나랏일에 가톨릭교회가 참견하는 것을 막았단다.

구스타브 1세는 귀족을 누르고 왕의 힘을 키우려고 여러 개혁 정책을 펼쳤어. 먼저 부패한 귀족 대신 믿을 만한 젊은 인재를 관리로 뽑았지. 그리고 귀족 회의 대신 귀족, 성직자, 시민, 농민이 참여하는 신분 모임을 자주 열었어. 이 신분 모임이 나중에 스웨덴의 의회로 발전했어. 또 군대를 늘리고, 왕위 계승 방식을 선출제에서 장자 상속제로 바꾸었어. 구스타브 1세의 개혁 정책은 스웨덴이 강대국으로 커 나갈 수 있는 바탕이 되었단다.

루터
독일의 신학자로 1517년에 로마 가톨릭교회의 부패와 부조리를 비판하고 종교 개혁을 주장했다.

종교 개혁 운동
16세기 유럽에서 로마 가톨릭교회에 반대하여 일어난 종교 운동이다. 종교 개혁 운동 과정에서 가톨릭과 대립하는 새로운 크리스트교 세력이 만들어졌다.

스웨덴의 수도 스톡홀름의 유래

스톡홀름이라는 이름이 처음 생긴 것은 13세기야. 스톡은 통나무, 홀름은 섬이라는 뜻이란다. 이 지역을 처음 발견한 사람들이 멜라렌 호수 위쪽에서 통나무를 띄워 그 나무가 닿는 땅에 도시를 짓기로 했대. 그래서 스톡홀름이라는 이름을 붙인 거야. 스톡홀름은 17세기에 스웨덴의 수도가 되었어. 많은 호수와 섬을 끼고 있어서 '북방의 베네치아'라고도 한단다.

스웨덴이 발트 해를 호령하며 북유럽의 강대국이 되다

구스타브 1세가 죽은 뒤, 스웨덴은 한동안 왕위 계승 다툼에 휘말려 정치와 경제 모두 엉망이 되었어. 그래서 1611년 구스타브 2세가 왕이 되었을 때, 스웨덴은 몹시 가난한 나라였단다. 하지만 십 년 뒤 스웨덴은 유럽에서 가장 강한 나라 가운데 하나가 되었어.

구스타브 2세는 분열된 스웨덴을 하나로 합치는 것을 첫 번째 목표로 삼았어. 그래서 왕위 계승 다툼에서 반대편에 섰다가 처형된 귀족 가문에는 권리를 돌려주고, 남은 가족한테는 관직을 주었어. 또 나랏일에 공을 세운 귀족한테 보상을 넉넉하게 해서 귀족들이 스스로 나랏일에 협조하게 했단다.

그리고 신분제 의회의 권한을 늘렸어. 그 덕분에 시민이나 농민 대표들이 원하는 법률을 만들어 달라고 나라에 요구할 수 있는 권리를 갖게 되었지. 또 구스타브 2세는 법원을 새로 세우고 법을 정비해서 공정한 사회를 만드는 데도 힘썼단다. 그래서 이 무렵 스웨덴 사람들은 힘들어도 기꺼이 나랏일에 참여했어.

구스타브 2세가 특히 관심을 기울인 것은 교육이야. 구스타브 2세는 강한 나라를 만들려면 무엇보다 인재가 필요하다는 것을 알았기에 중등학교를 세우고 대학을

구스타브 2세는 여러 개혁 정책을 펼쳐 백성이 기꺼이 나랏일에 힘을 보태게 이끌었고, 스웨덴이 유럽의 강국으로 우뚝 설 수 있는 기틀을 닦았다.

구스타브 2세 초상화이다. 유럽에서 가장 강력한 군대를 키워 스웨덴이 다른 나라를 물리치고 발트 해의 주도권을 쥐는 데 큰 역할을 했다.

지원했어.

또 경제를 발전시키려는 노력도 게을리 하지 않았어. 구스타브 2세는 양 떼를 수입해서 목축업을 키웠고, 다른 나라에서 기술자를 데려와 무기, 종이, 가죽, 방직 공장 들을 세웠단다.

그런가 하면 다른 나라와 전쟁도 많이 했어. 다른 나라가 스웨덴을 위협하는 것을 막고, 무역을 보호하기 위해서였지.

뛰어난 전술과 새로운 무기로 정비한 스웨덴 군대는 당시 유럽에서 가장 강한 군대였고, 구스타브 2세는 '북방의 사자'라는 별명을 얻었단다.

개혁 움직임이 활발해지다

1632년에 구스타브 2세가 죽었지만, 그 뒤에도 스웨덴은 발트 해 무역을 장악하고 주변 나라들을 공격해 영토를 넓혔어. 이 무렵 스웨덴의 영토는 지금보다 두 배나 넓었단다. 그런데 1700년에 덴마크, 폴란드, 러시아가 힘을 합

17세기 초 북유럽 지도이다. 스웨덴은 17세기에 북유럽의 강국으로 위세를 떨쳤으며, 발트 해 둘레에 넓은 영토를 갖고 있었다.

쳐 스웨덴을 상대로 전쟁을 걸어왔어. 이 전쟁을 북방 전쟁이라고 해.

덴마크와 폴란드는 그동안 계속 스웨덴에 영토를 빼앗겨 복수할 기회를 벼르고 있었지. 러시아도 유럽으로 나아가는 데 발트 해를 지나야 했기에 발트 해를 차지한 스웨덴이 눈엣가시였어.

북방 전쟁은 스웨덴과 덴마크, 폴란드, 러시아가 서로 얽혀 거의 20년 동안 계속되었어. 처음에는 스웨덴이 기세를 올렸지만, 시간이 지날수록 러시아를 앞세운 연합군한테 밀렸어. 결국 1721년에 스웨덴이 항복하고, 많은 영토를 러시아에 빼앗겼단다. 이때부터 스웨덴은 힘이 약해지고, 러시아가 유럽의 강대국으로 새롭게 떠오르기 시작했어.

이 무렵 유럽에서는 하루가 멀다고 크고 작은 전쟁이 일어났어. 영토를 넓히기 위한 전쟁, 왕위 계승권을 둘러싼 전쟁, 종교를 내세운 전쟁 들이 끝도 없이 이어졌지. 여러 차례 전쟁을 거치는 사이에 스웨덴과 덴마크는 차츰 이웃 강대국에 밀려 초라한 신세가 되었어.

그러자 두 나라에서 국력을 회복하기 위한 노력이 활발하게 일어났단다. 먼저 스웨덴에서는 1720년에 왕의 힘을 줄이고, 신분제 의회의 힘을 키우는 헌법이 만들어졌어. 이와 함께 정당 정치의 틀을 조금씩 갖추기 시작했지.

또 스웨덴 정부는 경제를 회복하려고 기술 개발과 산업 발전에 힘을 쏟았어. 1739년에는 스웨덴 과학원을 세우고, 학자들이 산업에 보탬이 되는 새로운 기술을 개발할 수 있게 지원했어. 물론 하루아침에 큰돈을 벌 수 있는 신기술이 쏟아져 나오지는 않았지. 하지만 적극적인 투자로 스웨덴은 유럽에서 손꼽히는 과학 기술 강국이 되었단다.

한편, 덴마크 정부는 더는 전쟁에 휘말리지 않겠다며 중립을 선언했어. 이와 함께

바르샤바 전투 기록화이다. 북방 전쟁 때 스웨덴군이 폴란드의 수도인 바르샤바를 공격하는 장면을 그렸다.

토지 제도를 개혁하고 농노제를 폐지하는 등 사회 개혁에 힘을 쏟았지.

이 무렵 덴마크 농민 가운데 자기 땅을 가진 사람은 10퍼센트뿐이었어. 나머지는 지주의 땅을 빌려서 농사를 짓는 농노였지. 농노들은 보통 일주일에 사나흘씩 지주의 일을 해야 했어. 또 태어난 농장에서 다른 곳으로 이사할 수도 없었어. 이런 농민을 농사짓는 노예와 같다고 해서 농노라고 한 거야.

그런데 아무리 열심히 일해도 지주와 귀족만 잘살게 된다면 일하고 싶은 생각이 안 들겠지? 그러다 보니 농노들의 반란이 이어졌고, 결국 덴마크의 귀족과 왕이 농노제를 폐지하게 된 거지.

토지 개혁과 농노제 폐지는 덴마크에 큰 변화를 가져왔어. 자기 땅을 가지게 된 농민들은 이전보다 더 열심히 일했고, 덴마크 경제를 받치는 튼튼한 버팀목이 되었거든.

노르웨이와 핀란드의 민족의식이 커지다

18세기 말, 프랑스의 나폴레옹이 유럽을 휩쓸면서 유럽 전체가 다시 전쟁의 소용돌이에 휘말렸어. 덴마크와 스웨덴도 이 전쟁에 뛰어들었다가 큰 피해를 보았단다. 스웨덴은 1809년에 러시아에 핀란드 땅을 빼앗기고 말았지.

프랑스의 장군 베르나도트가 스웨덴의 왕이 된 까닭

스웨덴 국왕 구스타브 4세는 러시아와의 전쟁으로 핀란드를 잃은 뒤 왕의 자리에서 쫓겨났어. 그리고 스웨덴의 젊은 장교들은 용맹한 나폴레옹 군대의 장군 가운데 하나를 스웨덴의 새로운 국왕으로 삼아 러시아에 복수하려는 계획을 세웠대. 그래서 베르나도트가 스웨덴 국왕 카를 14세가 된 거야. 베르나도트는 러시아에 복수하지는 못했지만, 나폴레옹 전쟁 때 스웨덴을 잘 지켜 내서 스웨덴 국민의 사랑을 받았지. 지금의 스웨덴 왕실은 베르나도트의 후손이란다.

노르웨이 에이츠볼 의회 기록화이다. 노르웨이 사람들은 스웨덴이 노르웨이를 차지하자, 이에 항의하여 에이츠볼에 모여 자신들의 의회를 만들고, 헌법을 발표했다.

얼마 뒤 1814년에는 스웨덴이 덴마크를 공격했어. 이 전쟁으로 칼마르 동맹 때부터 덴마크와 연합 왕국을 이루고 있던 노르웨이는 스웨덴의 지배를 받게 되었어. 그러자 노르웨이 사람들은 힘센 나라들이 노르웨이를 마음대로 하는 것에 화가 났어.

이들은 에이츠볼이라는 지방에서 150년 만에 의회를 소집했어. 의회에는 귀족뿐 아니라 군인과 소작 농민, 마을 대표 등 다양한 사람이 모였어. 에이츠볼 의회는 노르웨이가 자유 독립 국가라고 선언하고 헌법을 발표했단다.

이때 만들어진 노르웨이 헌법은 이 무렵 유럽에서 가장 민주적인 헌법이었어. 어느 정도 재산을 가진 사람한테만 선거권을 주기는 했지만, 신분과 관계없이 보통 선거로 의원을 선출했거든. 노르웨이 인구의 80퍼센트를 차지하는 소작농 가운데 3분의 2가 선거에 참여할 수 있었지.

하지만 힘겹게 노르웨이를 차지한 스웨덴 왕이 순순히 물러날 리 없겠지? 곧바로 스웨덴 군대가 노르웨이에 쳐들어왔어. 노르웨이 사람들은 어쩔 수 없이 스웨덴 왕의 지배를 인정해야만 했어.

그래도 독립을 요구한 노르웨이 사람들의 투쟁이 헛되지는 않았단다. 스웨덴의 지배를 받으면서도 에이츠볼 의회에서 만든 헌법을 지킬 수 있었고, 노르웨이에서 일어나는 문제는 노르웨이 의회가 직접 결정할 수 있게 되었으니까 말이야.

한편, 핀란드는 1809년부터 러시아 정부가 보낸 총독의 지배를 받았어. 하지만 러시아는 핀란드를 무조건 억압하는 대신, 핀란드 대공국이라는 자치 지역으로 인정했어. 그래서 핀란드 사람들은 자신들의 종교와 문화를 지킬 수 있었지. 또 의회의 상원 의원은 핀란드 사람만 뽑았고, 러시아 행정부의 간섭을 받지 않았단다.

그렇다고 강대국의 횡포에 시달리고, 원치 않는 전쟁을 겪은 핀란드 사람들의 분노가 누그러들지는 않았어. 교사였던 아돌프 아르비드손은 "우리는 스웨덴 사람이 아니었으며, 러시아 사람이 되지도 않을 것이다. 그러니 우리는 핀란드 사람이 되자."라고 주장했어.

그런가 하면 뢴로트라는 시인은 『칼레발라』를 발표해 핀란드 사람의 민족

『칼레발라』의 내용을 담은 핀란드 화가 갈렌 칼렐라의 그림이다. 이야기 속 등장인물이 나쁜 무리와 맞서는 모습을 그렸다.

의식을 북돋았어.『칼레발라』는 핀란드를 시적으로 이르는 말로 '영웅들의 나라'라는 뜻이야.『칼레발라』는 핀란드에 살던 많은 부족 사이에서 입에서 입으로 전해 온 전설을 모은 책이란다.

　세상이 처음 만들어진 이야기와 용감한 핀란드 영웅들의 이야기를 다루고 있지.『칼레발라』는 고대 핀란드 사람들의 소박한 우주관의 결정체로, 그 속에 수많은 신화와 민속 자료가 숨어 있단다. 그야말로 핀란드 국민의 보배 중의 보배라 할 수 있지.

　많은 핀란드 사람들이『칼레발라』를 읽으며 처음으로 핀란드의 역사에 관심을 갖게 되었고, 차츰 자신들이 누구인가를 깨닫기 시작했단다.

비운의 스웨덴 군함 바사 호

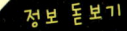

1628년 8월 10일, 스웨덴의 스톡홀름 항구에 많은 사람이 모여들었어. 구스타브 2세의 새 전함 바사 호를 처음으로 바다에 띄우는 의식을 구경하기 위해서야.

바사 호는 구스타브 2세가 발트 해를 두고 덴마크, 독일 등과 벌이던 경쟁에서 이기려고 만든 전함이야. 당시 최대의 전함이었던 바사 호는 길이 47.7미터, 폭 11.2미터 크기에 예순네 문의 대포를 갖추고, 웅장한 모습을 하고 있었지.

사람들의 환호 속에 바사 호는 스톡홀름 항을 출발해 서서히 바다로 향했어. 그런데 불과 1,500미터도 채 항해하지 못하고 갑자기 불어온 강풍에 기우뚱하더니, 항구의 수많은 사람이 보는 앞에서 침몰하고 말았어. 당시 바사 호에 타고 있던 선원 150명, 군인 300여 명과 함께 말이야.

바사 박물관에 전시된 바사 호의 복원 모형이다.

이렇게 침몰한 바사 호는 그 뒤 300여 년 동안 사람들의 기억에서 사라졌어. 그러다가 1958년 한 고고학자가 바사 호 발굴에 나섰고, 마침내 1961년에 바사 호를 바다에서 끌어올리는 데 성공했단다. 그리고 바사 호는 기술자들의 손길을 거쳐 말끔하게 예전의 모습을 되찾았지.

스톡홀름 바사 박물관에 전시된 바사 호는 박물관을 찾은 사람들한테 스웨덴이 발트 해를 지배하며 북유럽을 호령하던 시절의 이야기를 전해 주고 있단다.

시련을 딛고 다시 일어선 스칸디나비아

19세기와 20세기에 스칸디나비아 나라들은 어려움이 많았어. 두 번의 세계 대전 때는 중립을 선언했지만, 전쟁을 다 피하지는 못했어. 스칸디나비아 나라의 국민은 전쟁과 그 뒤 일어난 대공황 같은 어려움을 힘을 합쳐서 이겨 냈단다. 국가는 복지 제도를 만들어 어려운 사람을 보살폈고, 사람들은 자기의 이익만 고집하기보다 함께 잘사는 나라를 만들려고 애썼어. 그래서 오늘날 스칸디나비아 나라들은 전 세계에서 가장 살기 좋은 나라로 손꼽힌단다.

덴마크 국민이 황무지를 녹색의 땅으로 바꾸다

덴마크는 나폴레옹 전쟁 뒤에 노르웨이를 스웨덴에 빼앗기고 나라 힘이 크게 약해졌어. 그런데 19세기 후반에 또 한 번 큰 시련이 닥쳤어. 독일과 20여 년 동안 전쟁한 끝에 슐레스비히와 홀슈타인 지방을 잃고 만 거야.

덴마크의 땅은 거친 바닷바람으로 대부분 돌과 모래, 잡

전쟁터에서 돌아온 병사를 반기는 가족이다. 덴마크는 19세기 초 독일과 두 차례 전쟁에서 패해 많은 영토를 잃었고, 국민은 패배감에 시달렸다.

그룬트비 기념관이다. 덴마크 남동쪽 우드비 마을에 있다. 그룬트비는 절망에 빠진 국민한테 희망을 불어넣어 덴마크가 다시 일어서는 데 큰 역할을 했다.

초가 우거진 황무지였어. 그나마 남쪽에 있어서 바닷바람의 피해를 받지 않는 슐레스비히와 홀슈타인만이 농사를 제대로 지을 수 있는 기름진 땅이었지. 덴마크는 필요한 모든 곡식을 이 두 곳에서 거의 거두었단다.

그런데 슐레스비히와 홀슈타인을 독일에 빼앗겼으니 정말 큰일이었지. 덴마크의 경제는 거의 무너졌어. 농산물 가격이 치솟고 기업은 줄줄이 문을 닫았어. 중앙은행까지 파산하고 말았단다. 더는 덴마크에 희망이 없다고 생각해서 미국, 캐나다 등으로 이민 간 사람도 많았어.

이때 그룬트비는 "밖에서 잃은 것을 안에서 찾자."라고 호소하며 절망에 빠진 사람들을 위로하고 용기를 북돋았어. 한편 달기스는 무려 13년 동안

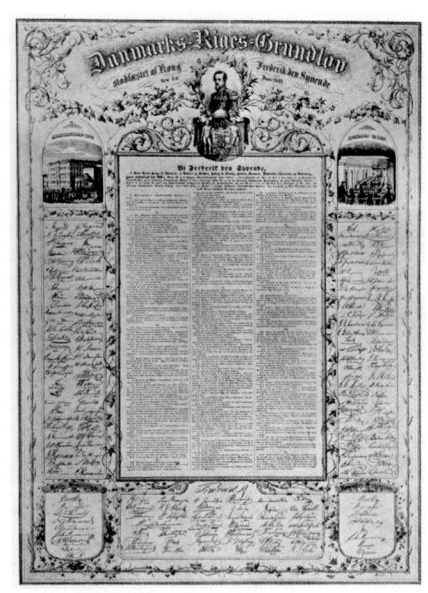

덴마크의 첫 의회 개회 소식을 알리는 1849년 신문이다.

거의 혼자 여의도 세 배 가까운 황무지를 숲으로 일구는 데 성공했단다. 그리고 달가스가 애쓰는 모습에 감동한 많은 사람이 황무지 개간 사업에 참여해 덴마크 황무지 거의 반을 농경지와 숲으로 바꾸었지.

새로운 농지가 늘어나면서 농업도 발달했어. 덴마크는 어느새 다른 나라에 농산물을 수출하게 되었단다. 그러면서 차츰 경제가 되살아났지.

이와 함께 프랑스 혁명의 영향으로 정치 의식이 높아진 덴마크 사람들은 힘을 모아 민주적인 헌법과 의회를 요구하는 운동을 벌였단다. 이렇게 만들어진 의회에서는 국민이 세금을 공평하게 부담하는 법을 만들고, 국민의 권리를 보장하는 법도 만들었어.

그리고 정부는 어린이 교육에 지원을 크게 늘려 1830년대부터 의무 교육을 시행했어. 나라의 미래인 어린이가 차별 없이 교육을 받아야 한다는 원칙을 세운 거야. 자유롭고 평등하게 살던 바이킹의 전통이 되살아난 셈이지.

그런데 또다시 시련이 닥쳤어. 20세기 초에 세계의 교통이 눈부시게 발달했잖아. 곳곳에 철도가 놓이고, 배의 속도가 더 빨라졌지. 교통이 발달한 게 왜 시련이 되느냐고? 러시아나 아메리카의 값싼 농산물이 유럽으로 쏟아져 들어왔기 때문이야. 값싼 외국 농산물로 덴마크의 농산물과 고기가 경쟁에서 계속 밀리게 되었단다.

덴마크 정부는 농산물과 고기를 그냥 팔기보다 가공해서 수출하는 게 더

20세기 초 덴마크의 농장 모습이다. 덴마크는 19세기 말부터 고기, 달걀 등을 수출하는 데 이름을 떨쳤다.

이롭다고 판단했어. 그래서 버터, 치즈, 소시지 등 새로운 농축산물 가공 기술을 연구하고 전국으로 퍼뜨려 나갔단다. 그리고 농민은 힘을 모아 협동조합을 만들었어. 협동조합에서는 큰 공장을 세워 품질 좋은 우유와 치즈, 베이컨 등을 생산하는 시설을 갖추었지. 가공식품이 아닌 달걀 같은 것에도 생산자의 이름을 적어서 품질을 보증하려고 애썼어.

덴마크 정부와 협동조합의 노력으로 덴마크에서 만들어진 농축산물은 어느새 세계 어디에서나 인정받는 최고의 상품으로 우뚝 섰어. '덴마크'라는 나라 이름만으로도 신뢰를 받을 수 있게 된 거야. 덴마크 사람들은 위기를 새로운 기회로 바꾸어 다시 한 번 성공을 거두었단다.

핀란드와 노르웨이가 완전한 독립국이 되다

19세기 말, 핀란드에 대한 러시아의 억압이 점점 더 심해졌어. 1890년에 러시아의 *알렉산드르 3세는 핀란드 사람들한테 러시아 어를 강제로 쓰게 했어. 게다가 독립을 주장하는 것을 막으려고 출판물도 검열하고, 독립을 주장하는 사람들은 모두 감옥에 가두었지. 그런가 하면 알렉산드르 3세의 뒤를 이은 *니콜라이 2세는 핀란드의 자치권을 돌려주겠다고 약속했지만, 시간만 끌고 약속을 안 지켰어.

이처럼 러시아 정부가 탄압과 거짓을 일삼을수록 핀란드 사람들의 민족의

알렉산드르 3세
1881년에 러시아 황제가 되었다. 국민의 개혁 요구를 경찰과 군대를 동원해 억눌렀다. 핀란드와 주변 나라에 대해서도 강경한 외교 정책을 펼쳤다.

시벨리우스의 「핀란디아」는 러시아의 지배에서 벗어나려는 핀란드 사람들한테 큰 용기를 주었다.

> **니콜라이 2세**
> 알렉산드르 3세의 아들로, 1894년에 황제가 되었다. 러시아 혁명으로 황제 자리에서 쫓겨나 혁명군한테 죽임을 당했다.

식은 높아졌지. 핀란드 사람들은 니콜라이 2세한테 약속을 지키라는 탄원서를 냈어. 이때 많은 사람이 스키를 타고 핀란드를 돌면서 탄원서에 서명을 받았단다. 탄원서에는 겨우 닷새 만에 53만 명이 서명했대. 글을 모르는 사람들한테는 서명을 안 받았으니까 핀란드에서 글을 아는 거의 모든 사람이 서명한 셈이야.

하지만 니콜라이 2세는 탄원서를 거부하고, 핀란드의 신문 발행까지 금지했어. 이 무렵 시벨리우스는 핀란드의 웅장하고 아름다운 자연을 표현한 「핀란디아」를 작곡해서 사람들한테 용기를 불어넣었단다.

핀란드 사람들이 러시아에 맞서 독립 의지를 불태울 때, 노르웨이 사람들도 스웨덴의 지배에서 벗어나려고 애썼어. 그 당시 노르웨이는 국내 문제를 독자적으로 결정할 수 있었지만, 다른 나라와의 관계는 스웨덴 정부가 맡고 있었어.

그래서 노르웨이가 다른 나라에 외교관을 보낼 수도 없었고, 자기 나라에 이로운 협상 같은 것도 할 수 없었지. 또 노르웨이 배는 스웨덴 국기를 달고 항해했고, 노르웨이 사람은 다른 나라에서 스웨덴 국민 취급을 받았어.

입센 탄생 100주년 기념우표이다. 우표의 그림은 입센이 그리그와 함께 작업한 「페르 귄트」의 한 장면이다.

1905년 노르웨이 국회 대표단은 독립 문제를 의논하려고 덴마크 정부와 협상을 벌였다. 독립 후 추대한 첫 왕은 덴마크 왕자 호손 7세였다.

　노르웨이 국민은 서서히 불만의 목소리를 내기 시작했단다. 스웨덴 왕이 노르웨이에서 자기의 힘을 키우려고 안건을 내놓으면 노르웨이 의회가 번번이 거부했어. 그리고 노르웨이에 총독을 파견하지 말고, 외교권을 달라고 하면서 독립 의지를 다졌지.

　한편, 학자나 예술가들은 노르웨이 사람들한테 민족정신을 불어넣으려고 애썼어. 그래서 이 무렵에는 노르웨이 민족과 역사, 생활을 주제로 한 책과 작품이 많이 쏟아져 나왔어. 그중에 입센과 그리그가 손잡고 발표한 「페르 귄트」는 사람들한테 노르웨이만의 독특한 신화와 전통에 대해 자부심을 느끼게 했지. 그런가 하면 역사가들은 위대했던 노르웨이의 과거를 사람들한테 알리려고 노력했어. 사람들은 노르웨이 역사를 공부하면서 독립에 대한 의지를 키웠단다.

민족의식이 점점 높아지자 노르웨이 의회는 1905년에 스웨덴과의 연합을 해체하고 노르웨이가 독립국이라고 선언했어. 다행히 스웨덴 정부는 전쟁 없이 협상으로 노르웨이 국민의 뜻을 받아들였단다. 이렇게 해서 노르웨이는 500여 년 만에 다른 나라의 지배에서 벗어나 독립국으로 새롭게 출발하게 되었단다.

갈등과 대립을 넘어 세계 최고의 복지 국가로 발전하다

20세기 초에 제1차 세계 대전이 일어났어. 유럽의 거의 모든 나라가 전쟁에 뛰어들었지만, 덴마크, 스웨덴, 노르웨이는 함께 중립을 선언했어. 그리고 다른 나라에 농산물과 무기 등을 팔아 큰 이익을 보았지. 덴마크는 이전까지 지고 있던 나랏빚을 이때 번 돈으로 거의 갚을 수 있었단다.

한편, 1917년에 러시아에서 혁명이 일어나 공산주의 정부가 들어섰어. 그 틈을 타 핀란드 사람들은 1918년에 독립을 선언했어. 세계 지도에 핀란드의 이름이 새롭게 새겨진 거야.

그런데 핀란드는 독립과 함께 심각한 내전에 휩싸이고 말았어. 공산주의를 찬성하는 세력과 반대하는 세력이 충돌한 거지. 내전은 만네르헤임이 이끄는 공산주의 반대 세력이 승리하면서 막을 내렸어.

제1차 세계 대전이 끝난 뒤에도 덴마크, 스웨덴, 노르웨이의 경제는 빠르게 발전했어. 하지만 1929년부터 전 세계가 대공황의 늪에 빠지자, 수출로 번영을 누리던 덴마크와 스웨덴은 큰 타격을 입었지. 문 닫는 회사와 공장이 하루가 다르게

대공황
경제가 갑자기 혼란에 빠지는 것을 공황이라고 한다. 대공황은 보통 1929년에 있었던 세계적인 공황을 가리킨다.

사회 보장 제도
질병, 재해, 실직 따위의 어려움에 빠진 국민의 생활을 국가가 여러 지원 정책을 통해 해결해 주는 제도이다.

늘어나고, 수십만 명이 직장을 잃고 거리를 헤맸어. *대공황 때문에 물가는 치솟고, 먹을 것을 달라는 시위가 끊이지 않았지.

이때 덴마크와 스웨덴 정부는 병원을 짓고 도로를 건설하며 일자리를 많이 늘렸어. 그리고 더 많은 *사회 보장 제도를 시행했어. 이로써 덴마크와 스웨덴은 또 한 번의 위기를 이겨 내고, 탄탄한 사회 보장 제도를 갖추게 되었지.

그런데 1939년 9월, 제2차 세계 대전이 일어났어. 이번에도 덴마크, 스웨덴, 노르웨이는 곧바로 중립을 선언했어. 하지만 전쟁의 불길을 피한 나라는 스웨덴뿐이야. 덴마크, 핀란드, 노르웨이 들은 전쟁으로 큰 피해를 당해 어려워졌어.

1941년 핀란드군은 빼앗긴 영토를 되찾으려고 소련을 공격했다. 방공호 앞에 선 핀란드 군인들 모습이다.

전쟁의 첫 제물은 핀란드였어. 소련군이 갑자기 쳐들어온 거야. 소련 정부는 핀란드를 점령해서 독일군이 공격해 오면 방패막이로 삼을 생각이었지. 핀란드 국민은 소련군에 맞서 맹렬하게 싸웠단다. 하지만 소련군의 막강한 군사력을 당해 낼 수 없었어. 얼마 뒤 핀란드는 빼앗긴 영토를 되찾으려고 히틀러가 이끄는 독일과 함께 소련을 공격했어. 그러면서 핀란드는 전쟁터가 되고 말았지.

한편, 덴마크와 노르웨이는 1940년 봄 독일군에 점령을 당했어. 두 나라 국민은 독일군의 감시에 시달리면서도 독일 병사를 공격하고, 군사 시설을 파괴하는 등 저항 운동을 세차게 펼쳤단다.

1945년 비로소 제2차 세계 대전이 끝났어. 스칸디나비아 나라들은 전쟁이 휩쓸고 간 땅에 살기 좋은 나라를 만들려고 애썼어. 20세기 초부터 시행하던 여러 복지 정책을 더욱 확대하고, 국민이 더 많은 자유와 권리를 누릴 수 있게 사회 제도를 개혁했단다.

그런데 제2차 세계 대전이 끝나고 세계가 두 편으로 나뉘었어. 이 시기를 냉전 시대라고 해. 세계 여러 나라가 미국과 소련을 중심으로, 자본주의를 지지하는 나라와 공산주의를 지지하는 나라로 갈라져 사사건건 부딪쳤지.

하지만 스칸디나비아 나라들은 이때도 중립을 유지했어. 그리고 세계의 분쟁을 해결하고 평화를 지키려고 힘을 쏟았단다. 또 강대국의 횡포를 거침없이 비판했지. 그래서 세계 여러 나라로부터 신뢰를 받았어.

오늘날 북유럽 나라들은 복지와 인권 같은 거의 모든 분야에서 세계에서 가장 앞선 나라로 손꼽히고 있단다. 약 1,000년 전 바이킹이 꿈꾸던 풍요로운 세상을 그 후예들이 이루어 냈다고 할 수 있어.

다 함께 잘사는 꿈을 꾸는 나라들

얼마 전 신문에 한 암 환자의 이야기가 실렸어. 암은 나았지만, 치료하는 데 드는 병원비와 생활비 때문에 그동안 운영하던 가게와 집을 모두 팔았대. 암 환자라 일거리도 못 구해 앞으로 먹고살 길이 막막한 아저씨는 앞길이 캄캄하다며 한숨을 쉬었단다. 그런가 하면 직장에서 해고당한 노동자들이 잇달아 자살을 해서 사회 문제가 되기도 해.

그런데 이런 어려움이 생겨도 별걱정 없는 나라들이 있어. 바로 스웨덴, 덴마크, 노르웨이, 핀란드 같은 북유럽 나라들이야. 북유럽 나라들은 이런 문제를 어떻게 해결하는 걸까?

몸이 아파도, 직장을 잃어도 걱정 없이 산다

북유럽에서는 병에 걸려도 큰 걱정이 없어. 이들 나라에서는 모든 병원비가 거의 무료야. 또 병이나 다른 까닭으로 일할 수 없을 때는 정부에서 여러 가지 수당을 주기 때문에 병원비든, 생활비든 걱정할 일이 없단다.

아기가 태어나면 엄마나 아빠 가운데 한 사람이 300일에서 450일까지 휴가를 낼 수 있어. 물론 이 기간에도 직장에서 월급을 그대로 받아. 또 장애가 있는 사람은 병원비가 무료일 뿐 아니라 휠체어같이 필요한 장비도 무료로 받지. 게다가 장애인이 차를 운전하기 쉽게 정부가 무료로 고쳐 줘.

북유럽에서는 집 때문에 걱정할 필요도 없어. 정부가 여러 임대 아파트를 운영하며 가난한 사람한테 싸게 빌려 주거든. 또 학생들이 살 수 있는 방 한 칸짜리 아파트, 나이 많은 학생이 가족과 함께 사는 아파트, 노인들이 살기 편한 특수 아파트도 있어. 장애인이나 노인이 사는 곳을 살기 편하게 고쳐 주는 일도 정부가 무료로 해 준단다.

 이런 임대 아파트에 살려면 신청을 하고 기다려야 하는데, 살기 좋은 곳일수록 오래 기다려야 한대. 그래도 아이가 있는 집이나 환자, 장애인, 노인 등 배려를 받아야 하는 사람한테는 우선권이 있어서 그다지 오래 안 기다려도 돼. 국가가 운영하는 임대 아파트에 못 들어가면 민간 임대 주택에서도 살 수 있어.

북유럽 나라들의 정부는 국민이 더욱 편안하고 풍요로운 생활을 누리도록 다양한 지원 활동을 펼치고 있다.

덴마크의 학교 모습이다. 학생들이 교실에서 서로 도와주며 열심히 발표하고 있다.

민간 임대 주택도 지역 자치 단체나 정부가 집값을 협상하기 때문에 많이 비싸지 않아.

직장을 그만둬도 걱정이 없단다. 나이가 들어 은퇴하면 연금을 받아서 생활하는 데 아무 문제가 없지. 새로운 직장을 구하는 사람은 십 개월에서 길게는 사 년까지 이전에 받던 월급의 80에서 90퍼센트를 받을 수 있어.

또 그 기간에 새로 대학을 다니거나 직업 교육을 받을 수도 있어. 모든 교육이 무료인 데다가 배우는 동안에는 학업 수당이 나와서 아무 걱정 없이 공부할 수 있단다. 그래서 노동자들이 실직을 두려워하지 않는대. 오히려 새로운 것을 익혀서 더 좋은 직장을 고를 수 있는 기회라고 생각하지.

북유럽 나라에서는 한 살부터 다니는 유치원은 물론이고, 대학원까지 모든 교육이 무료야. 그리고 지우개와 연필 한 자루까지 모두 국가가 지급해 줘. 학교 수업 외에 다른 것에 관심이 있으면 방과 후 교실 같은 특별 수업에 참가하기도 하는데, 이것 역시 무료란다.

　초등학교부터 중학교까지 의무 교육이 끝나고 나서 더 배우려는 고등학생과 대학생한테는 국가에서 학업 보조비를 줘. 그러니까 먹고살기 어려워서 공부를 포기하는 사람이 없단다. 누구나 원하면 얼마든지 공부할 수 있는 곳이 북유럽 나라들이야.

　어른도 마찬가지야. 자기 일이 적성에 맞지 않으면 언제라도 다양한 직업 학교나 대학에서 새로운 것을 배울 수 있어. 그리고 원하는 직업을 다시 찾을 수 있지. 다양한 취미를 배우는 문화 교실도 대부분 무료이거나 아주 적은 비용으로 다닐 수 있어.

　이렇게 누구나 원하는 것을 아무 걱정 없이 배우는 북유럽 나라 사람들이 세계에서 가장 부유하고 살기 좋은 나라를 만들어 냈단다.

시험도 경쟁도 없이 자유롭게 공부하다

　우리나라는 *국제 학업 성취도 평가에서 가장 좋은 성적을 받는 나라 가운데 하나야. 그런데 우리나라 학생들이 성적은 좋아도 학업 흥미도나 학습 효율화 지수는 거의 꼴찌래. 하기 싫어

> **국제 학업 성취도 평가**
> 경제 협력 개발 기구가 세계 여러 나라에서 공동으로 시행한다. 주로 만 십오 세 학생들의 읽기, 수학, 과학 영역을 평가한다.

도 억지로 공부해서 높은 성적을 받았지만, 공부한 시간에 견주어 성적이 좋은 편은 아니란 얘기지.

　북유럽 나라 학생들은 우리나라 학생들만큼이나 공부를 잘한단다. 그런데 북유럽 나라는 학교 수업이 일찍 끝나. 그렇다고 학교가 끝난 다음에 학원을 다니는 학생도 없대. 그러면 이들 나라 학생들은 어떻게 공부할까?

　북유럽에서는 아이들한테 '생각하는 즐거움'을 주려고 학교가 일찍 끝난대. 긴 수업 때문에 학생들이 공부를 지루하게 생각하면 아이들한테 큰 손해라는 거지. 선생님의 역할은 아이들이 새로운 것을 알아가는 일에 재미를 느끼게 도와주는 거야.

　세상에는 아주 많은 지식이 있고, 또 날마다 새로운 지식이 쏟아져. 그러니 어떤 선생님도 모든 지식을 다 가르쳐 줄 수는 없단다. 그래서 선생님은 아이들이 스스로 알고 싶은 것을 깨우쳐 가면서 즐거움을 느낄 수 있게 도와주지.

　그렇다면 북유럽에서는 어떻게 공부에 재미를 붙여 줄까?

　가장 싫어하는 과목이 뭐야? 혹시 수학? 어떤 설문 조사에서 "수학 숙제를 하려고 하면 마음이 매우 무거워진다."는 질문에 우리나라 학생 33.2퍼센트가 그렇다고 대답했대. 그런데 같은 질문에 대해 핀란드 학생들은 6.7퍼센트만 그렇다고 했어.

　우리나라 수학책의 첫머리는 대개 간단한 덧셈이 나와. 1+1=( )로 시작해서 비슷한 문제를 빼곡하게 늘어놓고는 답을 쓰게 하지. 하지만 북유럽 수학책에서는 ( )+( )=10이라고 문제가 나와. 당연히 답이 여러 가지겠지? 1+9도 3+7도 모두 답이니까. 여기에 자연수가 아닌 음수나 소수, 분수를

배우게 되면 답은 무한대로 많아져.

　간단한 문제라도 스스로 생각할 수 있게 하고, 아이가 성장함에 따라 생각의 폭을 넓혀 주는 북유럽 교육 원칙이 수학을 맨 처음 시작할 때도 적용되는 거야.

　학교생활에서 아이들이 가장 싫어하는 것 가운데 하나가 시험이겠지? 그런데 거의 모든 북유럽 학교는 중학교를 마칠 때까지 시험을 보지 않아. 시험 성적보다 학생 한 사람 한 사람이 자기 재능을 발견해서 스스로 키워 가는 것을 더 중요하게 여기기 때문이야.

　주위의 친구들을 한번 떠올려 보렴. 노래를 잘 부르는 친구가 있는가 하면, 운동이나 그림 그리기, 만들기를 잘하는 친구 등 저마다 잘하는 게 다르지? 그래서 북유럽 학교에서는 아이들한테 공부 잘하는 것만이 중요하다고 가르치지 않는단다.

　선생님은 책을 읽으면서 공부하는 아이, 몸을 움직이고 직접 경험하는 것을 좋아하는 아이, 또 영상이나 자료를 눈으로 보면 더 빨리 배우는 아이 등

각 아이의 특성을 파악해서 거기에 맞춰 가르치려고 노력하지.

성적표에도 친구들과 견주는 등수나 점수가 없어. 북유럽 학교에서 성적보다 중요하게 생각하는 것은 협동이야. 그래서 아이들이 대개 모둠을 이루어 공부하고 발표를 한단다.

공부 잘하는 아이가 먼저 과제를 마쳤다고 해서 끝나는 게 아니야. 같은 모둠에 잘 못하는 아이가 있으면 함께 노력해서 과제를 완성해야 해. 모두가 같이 잘하는 것을 목표로 공부하니까 아이들이 자연스럽게 협동을 배우게 되지. 경쟁 때문에 몸살을 앓는 우리네 학교 분위기와는 꽤 많이 다르지?

학교에서 오래 공부하고 밤늦게까지 학원에 다니는 우리나라 학생들은 시험 점수가 좋긴 해도 거의 모두 공부를 싫어하고, 창의력 수준이 세계에서 낮은 편이야.

반면 성적을 걱정하지 않고 숙제도 거의 없이 친구들과 즐겁게 공부하는 북유럽 학생들은 학업 성적뿐 아니라 창의력까지 세계에서 가장 높은 수준이란다.

함께 사는 평등한 사회를 만들다

북유럽에서 학교에 다니면 정말 즐겁겠지? 그런데 우리나라에서는 아이들한테 왜 이렇게 공부를 많이 시키는 걸까? 설마 우리나라 부모들이 북유럽 부모들보다 아이를 사랑하지 않아서 억지로 공부시키고 학원까지 보내는 것은 아니겠지?

휴일에 시내에서 여유롭게 행사를 즐기는 덴마크 국민이다. 북유럽에서는 국민이 자신들의 의견과 주장을 자유롭게 펼치며 정당한 권리를 누리기 위해 애쓴다.

성 평등 집회에 참가한 스웨덴 여학생들이다. 북유럽 나라들은 성차별을 비롯해 모든 차별을 없애는 데 힘쓴다.

우리나라는 직업에 따라 임금 격차가 아주 크단다. 가령 회사를 생각해 봐. 사장과 직원의 월급 차이가 많이 나지. 또 같은 일을 해도 정식 직원이 아니라 비정규직이면 월급이 더 적어. 그런가 하면 회사를 청소하는 사람의 월급은 그보다 더 적단다. 이렇게 하는 일에 따라 심하면 열 배 이상 월급이 차이 나기도 해.

그렇다면 왜 청소하는 사람과 사장의 월급 차이가 많이 날까? 청소가 더 쉬워서? 아니야. 청소는 힘든 일이지만, 특별한 기술이나 지식이 없어도 할 수 있는 일이라고 생각해서 돈을 적게 주는 거야.

우리나라에는 청소 일처럼 열심히 일해도 임금을 적게 받는 직업이 많아. 임금이 적으면 가난을 벗어나기 힘들고, 때로는 먹고살기조차 어렵지. 그래서 부모가 아이들한테 공부를 열심히 해서 좋은 대학에 가고, 좋은 직업을 가지라고 얘기하는 거란다.

하지만 북유럽에서는 직업에 따른 임금 차이가 아주 작아. 얼마 전 우리나라에 왔던 핀란드 대통령은 호텔 방에서 자기 옷을 직접 다림질했대. 우리나라에서는 자기 옷을 손수 다림질하는 대통령이나 사장을 상상하기 어렵지.

그런데 북유럽에서는 청소나 다림질을 하는 사람도 충분한 대가를 받아서 이런 서비스 비용이 비싸. 그래서 북유럽 사람들은 간단한 집수리 정도는 모두 직접 한단다. 그럼 몸이 불편하거나 나이가 많은 사람은 이

떻게 하느냐고? 걱정할 것 없어. 도움이 필요한 사람한테는 도우미가 오고, 그 비용을 모두 나라에서 부담해 주거든.

그래서 북유럽에서는 모든 사람이 대학에 가려고 애쓰지 않아. 대학을 안 나와도 열심히 일하면 얼마든지 잘살 수 있으니까. 또 굳이 월급을 많이 주는 직장을 고를 필요가 없어. 그 대신 자기 적성에 맞는 일을 찾아서 하지. 이렇게 북유럽 사회의 평등한 문화가 우리나라와는 다른 교육을 할 수 있게 하는 거란다.

그런데 북유럽 나라의 평등은 우리나라에서 흔히 생각하는 것과 달라. 예를 들어 교통 신호를 위반했다고 생각해 봐. 벌금을 내야겠지? 그렇다면 같은 위반 사항에 모두가 같은 벌금을 내는 것이 평등일까?

부자한테는 벌금 5만 원이 별로 부담스럽지 않겠지만, 가난한 사람한테는 5만 원이 아주 큰돈일 수 있어. 북유럽에서 생각하는 평등이란 부자한테 벌금을 많이 매기고, 가난한 사람한테는 적게 매기는 거란다. 핀란드의 한 기업인은 속도위반으로 벌금을 3천만 원이나 낸 적도 있대.

이런 북유럽의 평등이 가장 먼저 이루어지는 곳이 바로 학교야. 만일 네가 다른 나라의 학교에서 공부한다고 상상해 볼까? 말을 알아듣지 못하는데 다른 아이들과 똑같이 수업받고, 숙제하고, 시험을 보면 그게 평등일까? 열심히 공부해서 얼른 말을 배우면 된다고? 북유럽에서는 그러지 않아도 돼. 외국어를 쓰는 아이한테는 그 나라 말을 할 줄 아는 개인 교사가 곁에서 도와주거든.

북유럽의 학교에서는 공부를 잘하는 아이보다 수업을 못 따라오는 아이한테 더 큰 관심을 둔단다. 건강이 나빠졌거나 집안 환경이 좋지 않거나 다른 문제가 있어서 학업을 하기 어려운 아이가 있으면, 선생님이 이 아이한테 더 많은 관심을 두고 보살펴서 다른 아이들처럼 마음껏 공부할 수 있게 해 준단다. 그래서 북유럽 나라의 학교는 공부를 못하는 학생이 거의 없는 것으로도 세계에서 으뜸이야.

큰 부자도, 가난한 사람도 없이 서로 도와 가며 사는 북유럽 나라들은 국가 경쟁력이나 국민이 느끼는 행복감도 세계 최고 수준이란다.

오늘날의 북유럽 여러 나라

보통 북유럽이라고 하면 스칸디나비아 반도에 있는 노르웨이, 스웨덴과 그 옆의 핀란드, 덴마크, 아이슬란드를 가리켜. 이 가운데 핀란드 말고 다른 나라들은 바이킹의 후예들이 세운 나라야. 이들 나라를 노르덴 또는 노르딕 국가라고도 불러. 노르딕 국가들은 서로 협력하면서 공통의 정책을 펴기도 해. 북유럽 국가들은 생활과 문화 수준이 높고, 세계의 모범이 되는 사회 보장 제도를 갖추고 있단다.

1. 스칸디나비아 반도의 나라

🇳🇴 노르웨이

스칸디나비아 반도 서쪽에 있어. 나라의 70퍼센트가 호수와 빙하, 바위산으로 이루어졌지. 그래서 많은 사람들이 도시에 몰려 산단다. 나라의 정식 이름은 노르웨이 왕국이고, 수도는 오슬로야. 왕에게 행정권이 있지만, 의회에서 신임을 받은 국사 회의를 통해 그 권한을 행사할 수 있어.

🇸🇪 스웨덴

스칸디나비아 반도 동쪽에 있고, 수도는 스톡홀름이야. 유럽 나라들 가운데 네 번째로 넓은 영토를 갖고 있어. 나라의 정식 이름은 스웨덴 왕국이야. 왕은 상징적인 국가 원수 역할을 맡고, 의회가 정치와 행정을 책임진단다. 스웨덴은 다른 나라와의 어떠한 정치나 군사 동맹에도 참여하지 않는 영세 중립국이야. 철광석과 침엽수림 등 천연자원이 풍부하고 자동차, 선박, 기계류 등의 분야에서 기술이 뛰어나 세계 시장에서 이름을 떨치고 있단다.

2. 스칸디나비아 반도 주변 나라

🇩🇰 덴마크

북유럽의 나라 가운데 가장 남쪽에 있어. 스칸디나비아와 마주하고 있는 유틀란트 반도와 그 주변의 작은 섬 500여 개로 이루어졌지. 또 세계에서 가장 큰 섬 그린란드도 덴마크의 땅이란다. 수도는 코펜하겐이야. 덴마크는 유럽에서 가장 오래된 왕국이지만, 정치는 의회를 중심으로 이루어져. 18세기 무렵부터 낙농과 축산업이 발달해서 지금도 세계 최대의 돼지고기 수출국이고, 버터와 치즈로 이름나 있어.

북유럽 나라들 위치를 표시한 지도

핀란드

스웨덴의 동쪽에 자리 잡고 있어. 세계에서 아이슬란드 다음으로 가장 북쪽에 있는 나라야. 수도는 헬싱키란다. 북유럽의 다른 나라들과 달리 아시아에서 건너온 핀 족이 중심이 되었지. 스칸디나비아 나라들 가운데 드물게 공화제를 채택했어. 산림 자원이 풍부한 덕택에 목재와 종이 제품 수출이 나라 경제의 큰 몫을 차지하고 있어. 그리고 금속, 기계, 화학 공업 등도 크게 발달했단다.

아이슬란드

세계에서 가장 북쪽에 있는 나라야. 아이슬란드 국민은 대개 노르웨이와 덴마크에서 건너온 바이킹의 후예들이야. 수도는 레이캬비크란다. 북유럽 나라 가운데 핀란드와 함께 공화제를 채택하고 있지. 어업이 크게 발달해서 대구, 청어 따위의 수산물이 수출의 약 70퍼센트를 차지하고 있어

Q&A 역사 속 뒷이야기

1. 스웨덴의 크리스티나 여왕은 왜 남자 옷을 입었을까?

❶ 사자 왕으로 불린 구스타브 2세는 아들을 바랐지만, 기대와 달리 공주가 태어났어. 그러자 구스타브 2세가 크리스티나 공주한테 남자 옷을 입히고 왕자처럼 교육했지. 크리스티나 공주도 아버지의 교육 방침을 좋아해서 아버지가 죽은 뒤에도 여전히 남자 옷을 입고 남자같이 굴었대. 그래서 크리스티나는 국왕 선서를 여왕이 아니라 왕으로 했단다.

2. 세계 최대의 스키 대회는?

❷ 스웨덴에서 열리는 바살로페(Vasaloppet)야. 바사는 구스타브 1세인 구스타브 바사의 이름에서 따왔고, 로페는 장거리 스키를 뜻하는 스웨덴 말이지. 구스타브 바사가 독립운동을 벌일 때 덴마크군을 피해서 스키를 타고 90킬로미터나 달아났대. 1922년 스웨덴 정부가 셀란에서 모라까지 90킬로미터 구간에서 바사를 기념하는 스키 대회를 처음으로 열었어. 매년 3월 첫 일요일에 열리는 이 대회는 전 세계 스키어가 몰려드는 세계에서 으뜸가는 스키 대회야.

3. 세계에서 가장 오래된 국기는?

❸ 덴마크의 국기란다. 다네브로그라고 부르는데 '덴마크의 힘'이라는 뜻이지. 1219년 발데마르 2세가 이슬람 국가인 에스토니아와 싸우던 중, 갑자기 하늘에서 붉은 바탕에 흰색 십자가가 그려진 국기가 내려왔다는 전설이 있어. 15세기 이후로 모양이 한 번도 변하지 않았지. 스웨덴과 노르웨이, 핀란드, 아이슬란드 등 모든 북유럽 나라의 국기는 덴마크 국기의 모양을 본떠서 만들었단다.

❹ 노르웨이란다. 노르웨이는 스칸디나비아 반도 서쪽에 길게 자리 잡고 있어. 노르웨이라는 이름은 '북쪽으로 가는 길'이라는 뜻이야. 8세기에서 11세기 무렵 바이킹들이 해안을 따라 남쪽에서 북쪽으로 항해하는 길을 노르웨이라고 부른 데서 생겨났지.

4.
길 이름이 나라 이름이 된 나라는?

❺ 스웨덴 최대의 도시인 만큼 없는 것이 없어 보이지만, 스톡홀름에도 없는 게 있어. 바로 빈민가가 없는 것이 스톡홀름의 자랑이야. 1950년대에 대규모로 도시를 정비했고, 스웨덴의 복지 수준이 높아서 스톡홀름에는 다른 나라의 대도시와 달리 빈민가가 없어.

5.
스웨덴의 수도 스톡홀름에 없는 것은?

❻ 스웨덴에서는 산타클로스가 아니라 율톰텐이 선물을 나누어 줘. 율톰텐은 '크리스마스 난쟁이'라는 뜻이야. 빨간 모자를 쓰고 흰 수염이 나서 산타클로스와 생김새가 비슷하지만, 덩치가 훨씬 작지. 또 산타클로스처럼 밤에 몰래 굴뚝을 타고 내려오는 것이 아니라 저녁 식사 후에 집을 방문해서 "착한 어린이가 여기에 있어?"라고 물은 다음에 선물을 준단다.

6.
스웨덴에서는 크리스마스 때 누가 선물을 나누어 줄까?

❼ 핼러윈은 10월 31일이지만 핀란드에서는 봄에 있는 부활절에 한단다. 이 날 아이들은 마녀나 트롤 옷을 입고 집집이 찾아가 노래를 불러. 집주인이 문을 열면 아이들은 깃털로 장식한 버드나무 가지를 붙잡고 "사탕이나 동전을 주세요!"라고 소리치지. 부활절 때 아이들이 버드나무 가지를 들고 노래를 부르며 어른들한테 행운을 빌어 주던 풍습과 핼러윈이 만나서 지금의 핀란드 부활절 놀이가 되었단다.

7.
핀란드에서는 언제 핼러윈 놀이를 할까?

스칸디나비아 역사 속에 빛나는 별들

혹독한 환경에서 키운 끈기와 독립 의지

스칸디나비아 나라들은 영토가 넓지도 인구가 많지도 않아. 그나마 그 땅도 거칠지. 게다가 세계에서 가장 강한 나라로 손꼽히던 독일과 러시아가 국경을 맞대고 있으면서 괴롭히기까지 했어. 그러니 웬만한 나라 같으면 세계 지도에 이름을 남기지 못하고 사라졌을지도 몰라. 하지만 스칸디나비아 사람들은 강한 나라를 만들려는 꿈을 포기하지 않았단다. 작지만 부유하고 강한 나라를 만든 스칸디나비아 사람들을 함께 만나 보자꾸나.

교육과 나무 심기로 덴마크 부흥 운동을 이끌다

19세기 중반 어느 날, 덴마크 코펜하겐의 한 교회에서 어떤 사람이 한 마디 한 마디 힘을 주어 설교를 하고 있었어.

"하늘을 사랑하고, 사람을 사랑하고, 나라를 사랑합시다. 총칼을 든 군대가 아니라 위대한 국민이 강한 나라를 만듭니다!"

그 사람은 바로 그룬트비 목사였어. 그룬트비의 설교를 듣던 몇몇은 손뼉을 쳤고, 어떤 사람은 가만히 눈을 감고 고개를 끄덕였어. 그 당시 덴마크는 독일과의 오랜 전쟁 끝에 많은 영토를 잃었고, 나라 경제도 상황이 말이 아

"밖에서 잃은 땅 안에서 찾자, 무기로 빼앗긴 땅 호미로 찾자, 피 흘리며 빼앗긴 땅 땀 흘려 찾자."

국민 고등학교에서 머리를 맞대고 함께 공부하는 덴마크 사람들(왼쪽)과 기도하는 그룬트비 조각상(오른쪽)이다. 그룬트비는 절망에 빠진 덴마크 국민한테 강연과 설교로 힘과 용기를 불어넣었다.

니었어. 더는 아무 희망도 없는 것처럼 보였지. 그때 덴마크 국민을 다시 일으켜 세운 사람이 그룬트비야.

그룬트비는 덴마크의 역사를 돌이켜 보았단다. 북유럽을 지배하는 대제국이었다가 작고 가난한 나라가 되어 버린 조국에 대해 생각한 거지. 그러면서 어떤 시련에도 무너지지 않는 것은 전쟁으로 얻은 영토가 아니라 강한 국민이라는 사실을 깨달았어.

그룬트비는 좁은 국토에 자원까지 빈약한 덴마크가 다시 일어서려면 인재를 길러야 한다고 주장했지. 그러면서 국민한테 힘을 모아 새로운 나라, 새

"우리 모두 잘살 수 있다는 신념으로 전 국민이 협동 단결하여 밖에서 잃은 것을 안에서 찾도록 합시다."

달가스(왼쪽)와 달가스가 오랜 노력으로 일군 덴마크의 숲(오른쪽)이다.
달가스는 그룬트비의 설교에 큰 감동을 받고 덴마크의 황무지를
일구어 숲과 기름진 땅으로 만드는 데 자신의 일생을 바쳤다.

로운 사회, 새로운 역사를 만들어 나가자고 설득했단다.

　그룬트비의 주장은 많은 사람의 마음을 움직였어. 그들은 당시 덴마크 곳곳에 만들어지고 있던 국민 고등학교에서 먹고, 자고, 공부하면서 어떻게 하면 잘 살 수 있는지 토론했어. 그리고 토론한 대로 열심히 일했어. 그 모습을 본 다른 사람들도 힘을 얻기 시작했지. 그룬트비가 사람들 가슴에 지핀 희망의 불씨가 덴마크를 되살린 거야.

　달가스도 그룬트비가 지핀 희망의 불씨에 감동한 사람 가운데 하나였어. 달가스는 그 희망의 불씨를 덴마크의 황무지를 숲으로 바꾸어 더욱 키우기로 했어. 그러면 땅을 살리고, 사람도 살릴 수 있다고 생각했거든. 그 뒤 달가스는 덴마크 해안 황무지에 나무를 심고 가꾸는 일에 남은 삶을 바쳤단다. 이때 덴마크 땅은 바다에서 불어오는 매서운 바람 때문에 농사짓기가 어려웠어. 그래서 달가스는 나무를 심어 거친 바닷바람을 막으려고 한 거야.

시민의 힘으로 국회의원이 된 그룬트비

1848년 그룬트비는 의회 정치를 요구하는 운동에 뛰어들었어. 그리고 직접 국회의원 선거에 나섰지. 하지만 무소속이던 그룬트비는 몇십 표 차이로 떨어지고 말았어. 그러자 코펜하겐의 지식인 2,000명이 그룬트비를 칙선 의원으로 임명해 달라고 왕한테 호소했단다. 선거에서 그룬트비를 누르고 당선된 사람이 이 소식을 듣고 시민의 마음이 그룬트비한테 쏠려 있음을 알고 의원직을 스스로 그만두었대. 그 뒤에 보궐 선거를 치르게 되었는데, 이번에는 입후보자들이 모두 사퇴했다는구나. 결국, 그룬트비가 투표도 없이 당선되어 국회의원이 되었단다.

새마을 운동
1970년 박정희 대통령의 주장으로 시작했다. 근면, 자조, 협동 정신을 바탕으로 농촌과 도시의 생활 환경을 개선하고 소득을 높이려고 실시했다.

하지만 영양분이 별로 없는 황무지에서 매서운 바닷바람까지 견디며 자랄 수 있는 나무는 흔치 않았어. 달가스는 춥고 황량한 다른 지방에서 자라는 나무들을 심어 보며 덴마크에서 잘 자라는 나무를 찾으려고 애썼단다.

달가스는 실패를 거듭했지만, 끝까지 포기하지 않았어. 그런 달가스를 보고 감동한 많은 사람이 조금씩 힘을 보태면서 덴마크는 점차 숲이 울창한 나라가 되어 갔지.

달가스의 노력은 나무 심기가 끝이 아니었어. 나무를 심은 다음에 황무지를 농경지로 바꾸는 공사를 시작했어. 많은 사람이 변변치 않은 도구로 흙을 날라 늪을 메우고, 물길을 돌리며 땅을 가꾸었단다.

황무지 개간 사업을 시작한 지 30년 후, 달가스가 세상을 떠날 무렵에는 황무지였던 6,500제곱킬로미터의 땅이 농경지나 숲으로 바뀌었어. 덴마크 땅 15퍼센트 정도가 새롭게 곡식과 나무가 자라는 녹색 땅이 된 거야. 달가스의 국토 개발 운동은 다른 나라에도 많은 영향을 미쳤어. 1970년대 우리나라의 *새마을 운동도 덴마크의 국토 개발 운동을 본받은 거란다.

스탈린과 히틀러의 침략에 맞서 핀란드를 지키다

"어려운 전쟁이다. 그래도 우리는 조국을 지키기 위해 싸운다."
1939년 겨울, 핀란드군의 총사령관 만네르헤임이 무거운 표정으로 병사들한테 연설을 했어. 병사들은 결연한 표정으로 함성을 질렀단다.

그해 핀란드에 소련군이 쳐들어왔어. 그러자 만네르헤임이 핀란드군을 이끌고 소련군의 공격에 맞섰어. 만네르헤임은 핀란드가 러시아의 지배를 받던 시절에 러시아군에서 장군까지 지낸 경험이 있었거든.

만네르헤임이 이끄는 핀란드군은 인원이 적고 무기도 변변치 않았어. 그럼에도 최신 무기를 갖춘 200만 명의 소련군에 맞서 넉 달이나 영웅적으로

말을 타고 군대를 지휘하는 구스타브 만네르헤임이다. 만네르헤임은 제2차 세계 대전 때 군대를 이끌고 히틀러와 스탈린이 쳐들어왔을 때 핀란드를 지켰다.

핀란드 독립의 아버지라 불리는 만네르헤임.

히틀러
독일의 정치가로, 1939년에 제2차 세계 대전을 일으켰다. 전쟁 중에 반유대주의를 앞세워 수많은 유대인을 잡아 가두고 죽였다. 연합군의 공격에 밀리다가 1945년 베를린 함락 직전에 자살했다.

스탈린
레닌 등과 함께 러시아 혁명에 참여한 소련의 정치가이다. 레닌이 죽은 다음 소련을 이끌었지만, 국민을 억압하는 정책을 펼쳤다.

싸웠단다.

하지만 핀란드는 1940년 1월에 국토의 12퍼센트를 소련에 넘겨주고 말았어. 핀란드는 빼앗긴 영토를 다시 찾으려고 제2차 세계 대전 중 독일과 힘을 합쳤어. 만네르헤임을 존경한 *히틀러가 직접 핀란드까지 찾아와 소련을 함께 공격하자고 했대.

히틀러는 만네르헤임한테 핀란드에 주둔한 독일군의 지휘를 맡아 달라고 요청했지.

하지만 만네르헤임이 이끄는 핀란드군은 히틀러의 뜻대로 움직이지 않았어. 빼앗긴 영토를 찾는 일 말고는 독일이 소련을 공격하는 것도 돕지 않았지.

그런데 전쟁이 독일의 패배로 끝나면서 핀란드의 처지가 난처해졌어. 이때 만네르헤임이 핀란드의 대통령이 되었는데, 그전 대통령이 독일과 맺은 동맹을 깨고 소련과 휴전 협정을 맺었어. 그 뒤 핀란드가 소련에 많은 배상금을 물어 주어야 했지.

하지만 만네르헤임의 뛰어난 정치력 덕분에 핀란드는 다른 동유럽 나라들과 달리 공산주의 국가가 되지 않았단다. 나중에 소련의 *스탈린도 "소련군이 핀란드를 점령하지 않은 것은 만네르헤임 덕분이다."라고 말했대.

 한편, 제2차 세계 대전 때 독일과 힘을 합쳤던 나라의 지도자들은 전쟁이 끝난 다음 전쟁 범죄자로 처벌을 받았어. 하지만 아무도 만네르헤임을 전쟁 범죄자라고 비난하지 않았단다. 핀란드가 억울하게 빼앗긴 영토를 찾으려고 소련을 공격했다는 것을 모두 알았거든. 핀란드 사람들은 만네르헤임을 '핀란드 독립의 아버지'로 부른단다.

인간에 대한 사랑과 세계 평화를 위한 용기

스웨덴, 노르웨이, 덴마크, 핀란드는 오늘날 세계에서 가장 잘사는 나라들로 손꼽혀. 그런데 스칸디나비아 사람들은 자기들만 잘사는 것에 만족하지는 않는단다. 세계의 어려움에 귀를 기울이고, 세계 평화를 위해 노력하지.

스칸디나비아 나라들은 경제 규모에 견주어 구호금을 가장 많이 내는 나라로 꼽힌단다. 또 나라 사이에 분쟁이 일어났을 때 가장 적극적으로 나서는 것도 스칸디나비아 나라들이야. 1,000여 년 전, 칼을 휘두르며 유럽을 공포에 떨게 한 바이킹의 후손들이 이제 세계 평화를 위해 큰 몫을 하고 있지. 자, 그 가운데 가장 빛나는 사람들을 찾아볼까?

위험을 무릅쓰고 수만 명의 유대인을 살리다

제2차 세계 대전이 거의 끝날 무렵인 1945년, 헝가리의 어느 허름한 창고에 갇힌 유대인들이 겁에 질려 있었어. 이때 말끔하게 차려입은 한 남자가

창고로 들어왔어.

 그 사람은 "스웨덴 여권을 가진 사람은 모두 일어서시오!"라고 외쳤어. 하지만 그곳에 스웨덴 여권을 가진 사람은 아무도 없었단다. 그래도 남자가 다시 한 번 소리치자 몇 명이 우물쭈물 일어섰어.

 남자가 다시 소리쳤어. 그러자 이번에는 수백 명이 일어섰지. 그 남자는 이들을 모두 데리고 나왔단다. 그는 스웨덴의 외교관 라울 발렌베리였어.

 독일은 제2차 세계 대전 때 유대인을 수없이 학살했어. 특히 전쟁 막바지인 1945년 독일군이 곳곳에서 패배를 거듭하자, 분풀이라도 하듯 헝가리의 유대인을 모두 없애겠다는 목표를 세웠대.

"저는 여러분을 돕기 위해 이곳에 왔습니다. 희망을 잃지 마십시오. 세계는 여러분을 잊지 않고 있습니다!"

제2차 세계 대전 당시 수용소에 갇힌 유대인들(왼쪽)과 라울 발렌베리 기념 동판(오른쪽)이다. 오늘날에도 많은 사람이 제2차 세계 대전 때 독일군의 손에서 수만 명의 유대인을 구한 발렌베리를 기념하고 있다.

> **아우슈비츠**
> 폴란드 남부의 도시이다. 제2차 세계 대전 때 독일의 강제 수용소가 설치되었는데, 그곳에서 400만 명 이상의 유대인과 폴란드 사람이 학살당했다.

심지어 유대인 보육원에서 아이들을 발가벗겨 거리로 끌어낸 다음 마구잡이로 총을 쏘아 죽이기까지 했다는구나. 자그마치 40만 명의 헝가리 유대인이 *아우슈비츠로 끌려갔지. 부다페스트에 남아 있던 20만 명의 유대인도 곧 생명이 끊어질 위기에 처했단다.

이 무렵 스웨덴 외교관 발렌베리가 헝가리의 부다페스트에 왔어. 발렌베리는 스웨덴 여권을 유대인한테 나누어 주었어. 그때 여권을 받은 사람이 얼마나 많았는지 정식 여권이 모자라 나중에는 위조 여권을 인쇄해서 나누어 줄 정도였대.

발렌베리는 찾아오는 사람한테만 여권을 준 게 아니야. 부다페스트 구석구석을 직접 찾아다니면서 유대인들을 강제 수용소로 잡아가는 독일군 앞을 가로막고는 그 유대인들이 스웨덴 국민이라고 우겨서 데리고 왔지.

발렌베리를 가로막는 독일군한테 전쟁 범죄자로 고발하겠다며 협박하기도 했어. 독일군은 발렌베리가 미웠지만, 패배가 눈앞에 닥쳐 어쩌지 못했대. 이렇게 부다페스트에서 발렌베리가 구한 유대인이 무려 10만 명이나 된단다.

얼마 뒤 소련군이 독일군을 몰아내고 헝가리로 들어왔어. 발렌베리는 자기가 보호하고 있던 유대인한테 먹을거리와 생활필수품을 구해 주려고 소련군 장군을 만나러 갔지. 그런데 그날 이후로 발렌베리가 사라졌어. 그 뒤로 소련군이 발렌베리를 미국의 간첩으로 오해해 죽였다는 소문이 떠돌았어.

발렌베리는 사라졌지만, 위험을 무릅쓰고 수만 명의 유대인을 구한 그의 정신은 역사에 자랑스럽게 새겨져 있단다.

그래서 미국 미시간 대학은 발렌베리 상을 만들어 인권 보호에 힘쓴 사람한테 수여하고 있어.

세계 평화와 복지 국가의 꿈을 실천하다

"탕!"

1986년 2월 28일 저녁 무렵, 총성이 스웨덴의 수도 스톡홀름의 거리에 울려 퍼졌어. 부인과 함께 거리를 걸어가던 한 사람이 괴한이 쏜 총에 목숨을 잃었어. 이 사람의 죽음으로 스웨덴 전체가 슬픔에 잠겼단다. 죽은 사람은 스웨덴의 총리 올로프 팔메였어.

팔메는 총리였지만 권위를 내세우지 않고 사람들 사이에서 경호원 없이 다니는 것을 좋아한 소박한 사람이었어. 그리고 스웨덴 국민이 가장 사랑한 총리란다. 팔메가 스웨덴의 복지 제도를 다듬는 데 크게 이바지해서 스웨덴의 복지 체제를 '올로프의 유산'이라고도 해. 팔메가 스웨덴 총리로 처음 일하던 1970년대에는 미국과 소련이 세계를 좌지우지하고 있었어. 하지만 팔메가 이끄는 스웨덴 정부는 거기에 휩쓸리지 않고 자기 길을 찾아갔단다.

미국에서 공부하던 팔메는 세계에서 가장 잘사는 나라 미국의 뒤편에 보호받지 못하는 가난한 사람이 너무나 많은 것을 보았어. 그래서 스웨덴을 힘이 세고 부유한 나라로 만들기보다 모두가 걱정 없이 살 수 있는 나라로 만들어야겠다고 생각했대. 하지만 팔메는 힘이 센 정부가 모든 것을 통제하는 소련식 국가 사회주의도 못마땅했어. 정부가 국민의 자유를 억누르면 안 된다고 믿었거든.

스웨덴의 정치가가 된 팔메는 노동자를 보호하는 법을 많이 만들었어. 하지만 팔메가 자기 마음대로 법을 만든 것은 아니야. 새로 만들려는 법이 기업을 힘들게 한다며 반대하는 사람들과 수없이 많은 토론을 거쳐 결정했지. 이때부터 스웨덴에는 새로운 법이나 정책을 만들 때 생각이 다른 정당이나 정치인, 국민이 함께 토론을 벌여 합의하는 전통이 세워졌단다.

팔메는 스웨덴이 아름다운 나라가 되려면 세계가 아름다워야 한다고 생각했어. 그래서 힘이 센 나라가 약한 나라를 괴롭히는 것을 참지 않았지. 그런데 1964년 미국이 *베트남 전쟁에 끼어들었어. 그때 미국이 남의 나라 전쟁에 끼어든 것을 잘못이라고 생각하는 사람이 많았지만, 강대국인 미국의

"행복한 삶을 누릴 권리는 사회의 일부 선택받은 사람들의 것이 아닙니다. 그것은 모든 사람의 권리입니다."

신문을 읽고 있는 팔메(왼쪽)와 팔메가 스웨덴의 회사 대표들과 회사와 노동자가 서로 이익을 나누는 방법을 함께 의논하는 모습(오른쪽)이다.

잘못을 지적하는 나라는 거의 없었단다.

하지만 그 당시 교육부 장관이던 팔메는 학생들과 함께 베트남 전쟁에 반대하는 시위에 참가했어. 또 총리가 된 뒤에는 "미국이 베트남 하노이를 폭격한 것은 나치의 대량 학살과 다름이 없다."고 비판하기도 했단다.

그뿐 아니라 팔메는 세계 평화와 힘없는 나라의 권리를 지키려고 애썼어. 예를 들면 남미와 아프리카의 가난한 나라들에 학교와 병원을 지어 주는 등 지원을 아끼지 않았단다. 그래서 많은 사람이 팔메를 '제3 세계의 평화 대변자'라고 부르면서 존경하고 있지.

베트남 전쟁
1960년에 남베트남 민족 해방 전선이 북베트남의 지원을 받으며 남베트남군 및 이들을 지원하는 미국군과 싸워 이기고 1969년에 임시 정부를 수립했다. 미군 철수 후 1975년에 남베트남 정부를 무너뜨리고 북베트남과 통일 정부를 만들었다.

혹독하지만 아름다운 자연에서 꽃핀 환상과 모험의 세계

스칸디나비아 사람들은 아주 오래전부터 자신들만의 이야기를 즐겼어. 바이킹은 신들과 영웅의 이야기를 들으면서 춥고 긴 겨울밤을 보냈단다. 힘든 일에 시달리던 사람들은 산악 거인이나 얼음 거인과 싸우는 신들의 이야기를 들으면서 거친 자연과 추운 날씨에 맞서야 하는 자신들의 처지를 위로하기도 했지. 스칸디나비아에는 안데르센을 비롯한 유명한 동화 작가가 많아. 환상과 모험 이야기를 좋아하던 바이킹의 전통이 스칸디나비아의 아동 문학으로 활짝 피어난 셈이지. 스칸디나비아가 만들어 낸 아름다운 환상과 씩씩한 모험이 살아 숨 쉬는 동화의 세계로 들어가 볼까?

전 세계 어린이한테 꿈을 심어 주다

"내 인생은 멋진 이야기다. 행복하고 온갖 신 나는 일로 가득하다."

안데르센의 동화를 한 번도 읽지 않은 사람은 거의 없을걸? 앞의 글은 동화의 왕으로 알려진 안데르센이 마흔한 살에 쓴 자서전 『내 인생의 동화』에 나오는 글이야. 하지만 안데르센의 인생이 마냥 행복하기만 한 것은 아니었어. 안데르센은 마음이 어린아이와 같았대. 칭찬받으면 기뻐하고 비난을 들으면 쉽게 상처받았지. 어쩌면 어린아이 같은 마음을 잃지 않은 덕분에 멋진 동화를 쓸 수 있었는지도 몰라.

안데르센은 덴마크의 작은 시골의 가난한 집에서 태어났어. 구두 수선공인 아버지는 돈을 잘 못 벌었지만, 문학을 좋아했어. 늘 무뚝뚝하던 아버지가 웃는 순간은 책을 볼 때뿐이었대. 안데르센은 밤이면 아버지가 읽어 주는 덴마크의 문학 작품이나 *『아라비안나이트』를 들으며 자랐지.

안데르센은 열네 살 때 배우가 되려고 덴마크의 수도 코펜하겐으로 갔어. 그 시절의 배우는 지금의 연예인처럼 아주 인기 있는 직업 가운데 하나였단다. 그런데 안데르센을 배우로

『아라비안나이트』
아랍 어로 쓰인 옛이야기 책이다. 아랍의 민화를 중심으로 페르시아, 인도, 이란, 이집트 등지의 옛이야기 250여 편을 담고 있다.

"나무토막, 장미, 심지어 달팽이까지도 나에게 말을 걸었다. 나는 마음만 먹으면 스치는 모든 것의 이야기를 들을 수 있었다."

안데르센 동화에 나오는 엄지공주와 인어공주(왼쪽), 그리고 젊은 시절의 안데르센(오른쪽)이다. 안데르센은 동화의 왕으로, 전 세계 어린이들한테 꿈과 희망을 심어 주었다.

써 주는 극장이 아무 데도 없었어. 목소리나 외모가 배우에 어울리지 않았거든. 안데르센은 잘생기고 목소리도 좋은 다른 배우들을 보면서 자기가 마치 '미운 오리 새끼' 같다고 생각했을 거야.

하지만 배우의 꿈을 포기해야 했던 안데르센은 미운 오리 새끼가 백조가 되듯이 작가로 멋지게 성공했단다. 『인어공주』, 『성냥팔이 소녀』, 『미운 오리 새끼』 같은 안데르센의 동화는 세계 어린이들이 가장 많이 읽고 좋아하는 동화가 되었어.

스웨덴의 자연을 작품에 담다

"같이 가자! 같이! 산악 지방으로, 산악 지방으로!"

하늘 높이 나는 것이 이렇게 자유롭고 상쾌할 줄은 상상도 못 했습니다. 땅에서 올라오는 흙냄새와 송진 냄새도 좋았고 모든 걱정과 골칫거리가 훌훌 떨어지는 것 같았습니다. 고개를 든 닐스는 눈앞의 광경에 입을 다물 수 없었습니다. 푸른 바다가 펼쳐져 있고 밝은 하늘 아래 성벽과 첨탑, 교회와 뾰족한 지붕의 집들이 보였습니다. 비스뷔였습니다. 부활절 전날 밤에 본 비네타만큼 멋진 도시였습니다.

『닐스의 신기한 여행』이라는 동화를 읽은 적 있니? 앞의 글은 『닐스의 신기한 여행』에 나오는 한 부분이야. 이 책은 본래 초등학교 어린이들한테 스웨덴의 자연, 지리, 풍속 등을 알려 주려고 쓴 교과서였대. 거위를 타고 스웨덴 곳곳으로 날아다니는 닐스의 이야기를 읽다 보면 스웨덴 각 지방의 자연환경과 역사, 문화를 재미있게 알게 되거든.

그뿐 아니라 20세기 초 스웨덴 농부들의 고달픈 생활이나 가까운 곳에 병원이 없어 고생하는 사람들의 이야기 등 스웨덴 사람들의 생활 모습도 자세히 담겨 있어. 재미있게 읽으면서 사회 공부도 할 수 있으니 스웨덴 어린이들은 참 좋았겠지.

『닐스의 신기한 여행』을 쓴 사람은 스웨덴의 작가 라게를뢰프야. 라게를뢰프는 어려서 병으로 다리를 절게 되어 학교에 못 갔대. 그래도 라게를뢰프는 꿋꿋하게 공부해서 초등학교 교사가 되었고, 틈틈이 작품도 썼어.

라게를뢰프는 어른을 위한 소설도 많이 썼어. 어린이책에 스웨덴을 불어넣었듯 소설에도 스웨덴의 설화나 영웅담을 많

셀마 라게를뢰프이다. 라게를뢰프는 풍부한 상상력과 사람에 대한 따뜻한 감정이 배어 있는 여러 작품을 발표했다. 1908년의 모습이다.

"작든지 크든지, 자유로운 영혼과 마음껏 돌아다닐 수 있는 세상이 있다면, 무엇이 어떻게 되든 좋은 일이지."

1906년에 영국에서 출간된 『닐스의 신기한 여행』 표지이다. 『닐스의 신기한 여행』은 스웨덴뿐 아니라 전 세계 여러 나라에서 큰 사랑을 받았다.

이 담았지. 또 20세기 초 산업화가 이루어지면서 지방에 있던 광산이나 농장이 망하는 등 변화하는 스웨덴의 모습도 작품으로 그렸단다. 물론 그 속에서 살아가는 사람들의 이야기도 빠뜨리지 않았어. 라게를뢰프의 작품에는 상상력이 넘쳐. 그리고 인간과 자연에 대한 따뜻한 배려, 스웨덴에 대한 사랑이 짙게 배어 있단다. 가장 재능 있는 현대 소설가 가운데 한 사람으로 꼽히는 라게를뢰프는 노벨 문학상을 탄 최초의 여성이야.

자유롭고 따뜻한 어린이 세계를 그리다

"왜 뒤로 걷느냐고? 여긴 자유로운 나라잖아. 자기가 걷고 싶은 대로 걸으면 안 되는 법 있어?"

누구의 말이냐고? 『긴 양말을 신은 삐삐』 속 주인공 삐삐의 말이야. 『긴 양말을 신은 삐삐』를 쓴 스웨덴의 동화 작가 린드그렌은 제2차 세계 대전 이후에 활약한 세계적인 아동 문학 작가야. 1907년 스웨덴의 작은 마을에서 태어난 린드그렌은 어릴 때부터 글쓰기를 좋아했대. 「긴 양말을 신은 삐삐」는 린드그렌이 서른여덟 살에 발표한 첫 책이야.

『긴 양말을 신은 삐삐』는 아주 즐거운 책이야. 삐삐는 엉망진창 말썽꾸러기 같아 보이지만, 삐삐가 하는 말이나 행동에는 어른들한테 말하지 못하는 어린이의 속마음이 잘 담겨 있지.

그런데 『긴 양말을 신은 삐삐』 원고는 책이 되어 나오기 전에 많은 출판사에서 거절을 당했어. 어른들은 말 잘 듣는 어린이가 좋은 어린이라고 생각해서 자기 멋대로 사는 삐삐가 마음에 들지 않았거든.

　그래서 책이 출판된 다음에도 못마땅해하는 사람이 많았대. 하지만『긴 양말을 신은 삐삐』는 많은 어린이의 사랑을 받으며 큰 인기를 끌었어. 여러 나라 말로 번역되었고, 영화와 텔레비전 시리즈로도 만들어졌지. 우리나라에서도「말괄량이 삐삐」라는 제목으로 텔레비전 시리즈가 방영되었어.

　린드그렌은 그 뒤에도 많은 책을 써서 아동 문학의 노벨상이라고 불리는 국제 안데르센 상과 스웨덴 문학상을 받았어. 그리고 스웨덴을 넘어 전 세계에서 존경받는 위대한 문학가가 되었단다.

린드그렌이 어린이들한테 책을 읽어 주고 있다.

스칸디나비아를 닮은 동화 속 주인공들

남자아이들은 행동이 앞서서 사고를 치는 것이 문제야. 그럴 때 가장 필요한 것은 바로 똑똑하고 용감한 여자 친구지!

카이를 찾아가는 게르다

게르다

게르다는 안데르센의 『눈의 여왕』에 나오는 여자 주인공이야. 어릴 적부터 친구인 카이가 어느 날 눈의 여왕의 꼬임에 속아 멀리 떠났어. 그래서 게르다가 카이를 찾아 길을 나섰지. 그런데 카이를 찾아가는 길에 할머니, 산적, 왕자, 제비를 만나고 거센 강물을 지나며 온갖 어려움을 겪었어. 그리고 마침내 눈의 여왕 궁전에서 친구인 카이를 구해 돌아온단다.

내가 부럽다고? 누구나 나처럼 살 수 있는 것은 아니야. 일단 돈이 많아야 하고, 힘도 아주 세야 한단다. 능력이 안 되면 당분간은 먹여 주고 길러 주는 부모님께 감사하면서 말 잘 듣고 살 것!

삐삐 분장을 한 독일 어린이

삐삐

삐삐는 주근깨투성이에다가 비쩍 마르고 예쁘지는 않지만, 용감하고 힘도 세고 자기 일은 스스로 하는 여자아이야. 삐삐 엄마는 천국에 있고, 아빠는 식인종의 왕이라고 생각하고 있어. 삐삐는 뒤죽박죽 빌라에서 혼자 살지만, 원숭이 닐슨 씨랑 말 아저씨가 함께 지낸단다. 삐삐 집에는 가방 한가득 금화가 있어서 돈 걱정 없이 넉넉하게 살고 있어.

정보 돋보기

삐삐라는 이름은 삐삐 아빠가 붙여준 별명이야. 삐삐 실제 이름이 너무 길어서 부르기 불편하거든. 진짜 이름이 궁금하다고? 진짜 이름은 '삐삐로타 빅투알리아 룰가디나 크루스뮌타 에프라임스도텔 롱스트룸프'야. 정말 길지?

말이 통하지 않는 동물이나 식물을 상대로 함부로 심통 부리면 안 돼! 요정이 없다고 안심할 수는 없어. 요정이 벌을 주지 않아도 동물 학대죄나 자연 보호법 위반으로 걸릴 수 있거든.

거위를 타고 하늘을 나는
닐스 홀게르손

닐스 홀게르손

닐스 홀게르손은 스웨덴 남쪽 마을에 사는 남자아이야. 게으르고 심술궂은 아이지. 어느 날 꼬마 요정 톰테를 괴롭히다가 닐스가 엄지손가락만큼 작아져 버렸어. 그런데 그때 집에서 기르던 거위가 여행하는 기러기 떼를 부러워하더니 같이 가겠다는 거야. 닐스 홀게르손은 거위를 붙잡으려다가 그만 거위의 목에 매달려 하늘로 날아올랐어. 그리고 거위와 함께 여행하면서 여러 가지 모험을 한단다.

자연과 바이킹의 전통이 어우러진 예술

웅장한 피오르 협곡과 깨끗한 바다 그리고 아름다운 호수 같은 스칸디나비아의 자연은 사람들의 예술적 감성을 깨운단다. 또 거칠고 척박한 땅과 눈과 얼음으로 덮이는 혹독한 겨울은 사람들을 사려 깊게 만들지. 그래서 스칸디나비아 사람들은 바이킹 시대부터 아름다운 장식품을 만드는 예술가이자, 뛰어난 이야기꾼이기도 했어. 이런 스칸디나비아의 예술이 새롭게 꽃을 피운 것은 19세기 말부터 20세기 초야. 이때는 전쟁과 독립, 새로운 사회로의 변화 등 북유럽에 큰 변화가 일어나던 시기였어. 예술가들도 새로운 사회를 꿈꾸면서 날개를 활짝 폈단다. 그럼 새로운 스칸디나비아를 만든 예술가들을 만나 볼까?

근대 예술에 큰 흔적을 남기다

"해가 지는 저녁 무렵에 친구와 함께 산책을 했다. 갑자기 하늘이 피처럼 붉어지고 검푸른 피오르와 거리 위로 붉은 구름이 드리워졌다. 나는 공포에 사로잡혀 움직일 수 없었다. 그리고 끝없는 절규가 자연을 갈기갈기 찢는 것을 느꼈다."

뭉크의 작품 「절규」이다. 공포에 사로잡힌 뭉크의 심리가 잘 묘사되어 있다.

뭉크의 「절규」라는 그림을 본 적 있어? 거리가 온통 붉은색으로 뒤덮여 있는 가운데 어떤 사람이 두 손으로 귀를 막고 비명을 지르는 모습을 그린 작품이야. 뭉크는 「절규」를 그리게 된 까닭을 앞에서처럼 이야기했단다.

노르웨이에서 태어난 뭉크는 어릴 때 부모와 형, 누나를 차례로 잃었어. 몸이 약했던 뭉크는 자기도 곧 죽을 거라는 불안에 시달렸지만, 그림을 그리면서 절망을 극복했어.

하지만 사람들은 뭉크의 그림을 좋아하지 않았어. 뭉크의 「병든 아이」는 "가재 소스를 뿌린 생선 죽 같다."는 비난을 받았어. 또 어떤 화가는 뭉크의 그림을 보고 "마치 돼지가 그린 것 같다."고 비웃기도 했지. 심지어 비난 여론 때문에 전시회를 중간에 그만둔 적도 있단다.

그런가 하면 1930년대 독일에서 권력을 잡은 히틀러의 나치당은 뭉크의

"나는 숨 쉬고 느끼고 괴로워하고 사랑하는 사람, 즉 살아 있는 사람을 그릴 것이다."

뭉크의 머리 청동 조각상(왼쪽)과
뭉크가 자기만이 느끼는 현실의 모습을 그리는 모습(오른쪽)이다.
뭉크는 모든 사람이 예술을 즐길 수 있어야 한다고 생각하고 자기의
재산과 작품을 모두 오슬로 시에 기증했다.

나치당
1919년에 만들어진 독일 정당이다. 민족주의, 반유대주의, 반공주의, 전체주의와 군국주의를 정책으로 내세웠다. 그리고 '아리아 인', '게르만 인', '독일 인'의 우월주의를 주장하였다. 히틀러가 이끄는 나치당은 1932년 총선에서 승리를 거두고 권력을 잡았다.

세잔
프랑스의 대표적인 19세기 화가이다. 사물을 원통형, 원뿔형 등 단순하고 기본적인 모습으로 그렸으며, 나중에 피카소 등 여러 화가에게 큰 영향을 끼쳤다. 「빨간 조끼를 입은 소년」, 「목욕하는 여인들」 등이 대표작이다.

마티스
20세기 초에 야수파를 이끈 프랑스 화가이다. 야수파는 화려한 색채로 자연의 생동감 넘치는 기운을 그대로 표현하려고 했다. 「오달리스크」, 「붉은 주단」 등이 널리 알려져 있다.

그림을 탄압했어. *나치당은 현실을 정확하게 묘사한 그림, 건강하고 아름다운 사람을 담은 그림만 예술이라고 주장했지. 나치당은 뭉크뿐 아니라 *세잔, 고흐, *마티스, 피카소 같은 화가들의 그림을 미술관에서 떼어 내고 불태워 버리기도 했어.

이렇듯 여러 비판과 탄압을 받았지만, 진심을 담은 뭉크의 그림은 점점 많은 사람의 공감을 얻어 갔어. 뭉크는 진정한 예술가는 자기가 보고 느낀 것을 그려야 한다고 주장했지. 뭉크의 「절규」를 생각해 봐. 누군가 저녁노을의 아름다움을 즐기는 동안 다른 사람은 하늘이 핏빛으로 물든다며 괴로워할 수도 있잖아. 뭉크는 다른 사람이 느끼지 못한 자기만의 느낌을 그린 거야.

북유럽 사람들이 자랑하는 노르웨이의 예술가가 또 있어. 구스타브 비겔란이야. 비겔란도 뭉크와 같이 19세기 말부터 20세기 초에 활동했단다.

목수의 아들로 태어난 비겔란은 어린 시절 가난 속에서도 훌륭한 조각가가 되겠다는 꿈을 키웠어. 뛰어난 조각 실력을 인정받은 비겔란한테 파리에서 공부할 기회가 왔고, 비겔란은 *로댕의 조각 작품을 보고 크게 감동했지.

비겔란은 인간이 느끼는 모든 감정이 담긴 조각, 또 인간을 그대로 닮은 조각을 만들려고 애썼어. 그리고 1915년 이후 약 십 년 동안 청동, 화강암, 주철을 써서 인생의 희로애락을 표현한 작품 200여 점을 만들었지. 비겔란은 이 작품들을 오슬로 시에 기증했고, 오슬로 시는 그 작품들로 비겔란 조각 공원을 만들었단다.

> **로댕**
> 19세기 프랑스의 대표적 조각가이다. 돌에 생명을 불어넣었다는 평가를 받을 만큼 사람의 표정과 몸의 근육 등을 잘 표현했다. 「지옥의 문」, 「생각하는 사람」, 「입맞춤」, 「발자크 상」 등이 대표작이다.

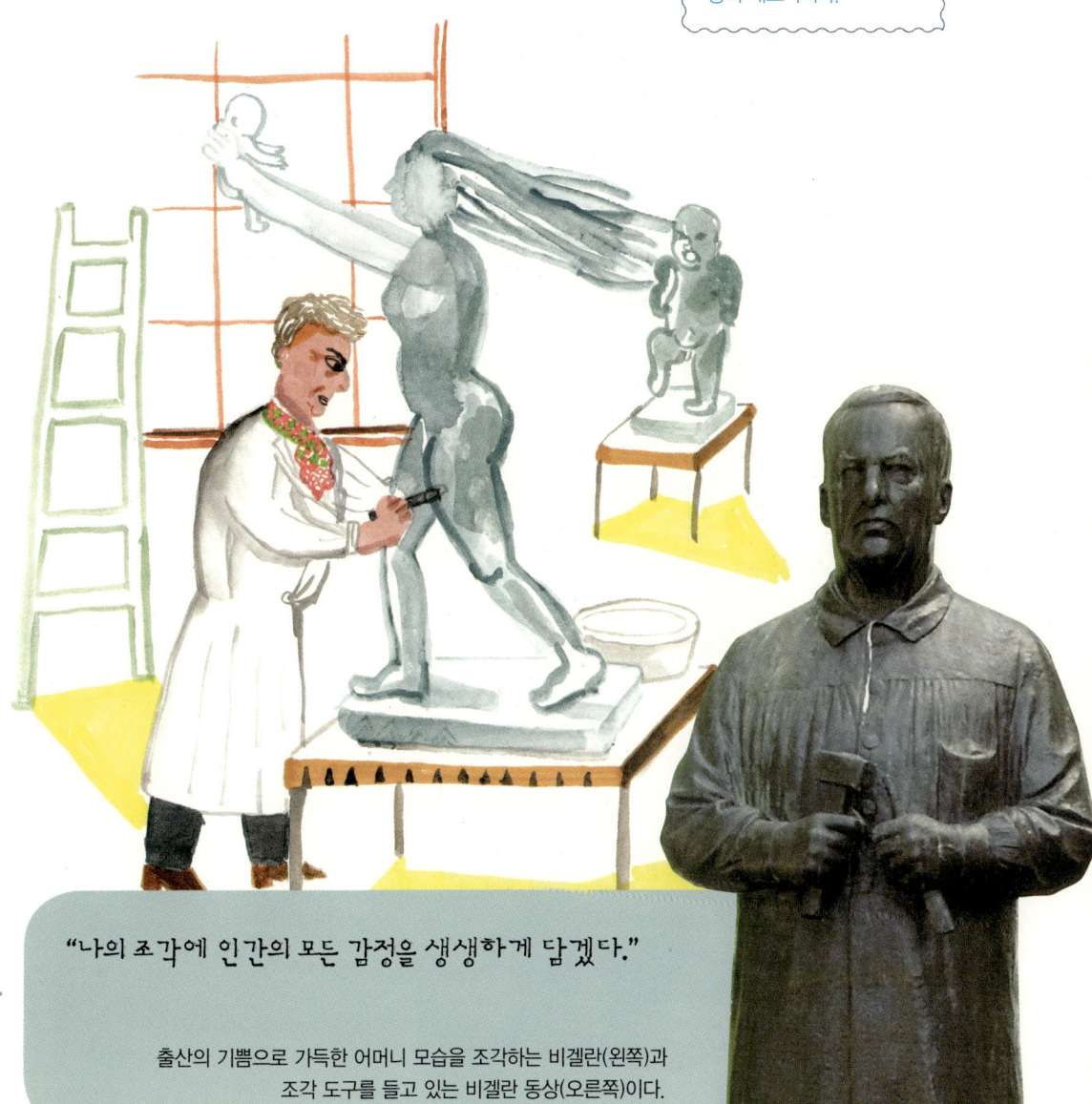

"나의 조각에 인간의 모든 감정을 생생하게 담겠다."

출산의 기쁨으로 가득한 어머니 모습을 조각하는 비겔란(왼쪽)과 조각 도구를 들고 있는 비겔란 동상(오른쪽)이다.

비겔란의 가장 대표적인 작품은 「모노리텐」이라는 17미터 높이의 화강암 탑이야. 비겔란 조각 공원에 있는 「모노리텐」에는 어린아이부터 노인까지 온갖 모습을 한 121명의 사람이 서로 얽혀 있어. 「모노리텐」을 보는 사람들은 대부분 그 웅장함에 놀랄 뿐 아니라 삶의 여러 의미를 진지하게 생각하게 된단다.

스칸디나비아 국민 음악을 꽃피우다

"다른 음악가들이 여러 가지 색의 칵테일을 만들고 있을 때, 시벨리우스는 맑고 깨끗한 샘물 같은 음악을 제공했다."

사람들이 시벨리우스의 음악을 두고 평가한 말이야. 20세기 핀란드를 대표하는 음악가 시벨리우스는 1865년 핀란드가 러시아의 지배를 받고 있던 시절에 태어났어.

시벨리우스의 어머니는 아들을 핀란드 어로 가르치는 학교에 보내서 민족의식

비겔란의 대표작인 「모노리텐」이다. 마치 돌에 생명을 불어넣은 듯 사람들의 모습이 생생하게 표현되어 있다.

을 심어 주었어. 그때까지 핀란드의 거의 모든 학교가 스웨덴 어로 교육을 하고 있었거든. 시벨리우스는 학교에서 핀란드 신화와 역사를 배우며 조국에 대한 애정을 키웠단다.

어른이 된 시벨리우스는 카리알라로 신혼여행을 갔다가 그곳에서 핀란드의 전통문화와 다시 만났어. 카리알라는 핀란드 신화를 가장 많이 간직한 곳이란다. 그러니까 핀란드 사람들의 마음의 고향과도 같은 곳이지. 시벨리우스는 카리알라 곳곳을 다니면서 핀란드의 민요를 수집했어.

그리고 1893년 카리알라의 역사를 소재로 「카리알라 모음곡」을 만들었지. 「카리알라 모음곡」은 러시아의 탄압에 반대하는 전시회 때 배경 음악으로 연주되었어.

1899년에 시벨리우스는 대표작 「핀란디아」를 완성

시벨리우스 기념우표(오른쪽 위)와 핀란드의 역사와 전통을 소재로 시벨리우스가 만든 아름다운 음악을 들으며 핀란드 사람들이 용기를 얻고 독립 의지를 다지는 모습(아래쪽)이다.

했어. 그리고 1900년 파리 대박람회에서 「핀란디아」가 연주되었지. 이때 「핀란디아」는 전 세계 사람한테 핀란드의 아름다운 문화와 독립 열망을 알리는 역할을 했단다. 이 곡이 핀란드 국민의 열렬한 지지를 받고 애국심을 북돋우자 러시아는 「핀란디아」 연주를 금지해 버렸어.

한편, 시벨리우스는 러시아와 싸우려고 독일 군대에 입대한 2,000여 명의 핀란드 병사를 기리며 「핀란드 저격병 부대의 행진」을 익명으로 발표했어. 그때가 1917년이었지. 핀란드가 독립하는 날까지 시벨리우스의 투쟁도 멈추지 않았던 거야.

그런가 하면 노르웨이의 그리그는 시벨리우스와 함께 북유럽의 아름다운 감성을 가장 화려하고 웅장하게 풀어낸 예술가로 꼽힌단다. 특히 자신의 음악에 노르웨이의 문학, 자연, 전통, 민요, 민속춤 같은 고유문화를 담으려고 애썼지. 왜냐하면 오랫동안 덴마크의 지배를 받은 노르웨이 사람들이 자신만의 문화를 거의 잊어버리고, 노르웨이 문화를 촌스럽게 생각하고 부끄러워했거든. 그래서 그리그는 노르웨이 문화를 아끼고 발전시키려고 마음먹은 거야.

서른한 살에 그리그는 입센의 「페르 귄트」를 공연할 때 쓸 배경 음악 스물세 곡을 작곡했어. 이 곡들에는 노르웨이 전통 음악의 숨결이 고스란히 살아 있었지. 연극은 대성공을 거두었고, 나중에 그리그가 여덟 곡을 뽑은 「페르 귄트 모음곡」은 지금도 전 세계인의 사랑을 받고 있단다.

작곡가뿐 아니라 지휘자와 피아노 연주자로도 활동한 그리그는 여러 나라를 다니면서 노르웨이의 음악을 알리는 데도 힘썼지. 노르웨이 전통 음악을 새롭게 되살린 그리그의 음악은 노르웨이의 자연을 담고 있는 것이 특징이야. 그리그는 노르웨이의 자연을 아주 사랑했거든.

그래서 사람들은 그리그의 음악을 들으면 거친 계곡에서 떨어지는 거대한 폭포, 숲을 흔드는 바람 소리, 피오르 사이의 고요한 바다 같은 아름다운 노르웨이의 자연이 떠오른다고 해. 그리그는 자기의 집을 요정이 사는 언덕이라는 뜻의 '트롤헤우엔'이라고 불렀어. 지금 그 집은 그리그 박물관이 되어 사람들을 맞고 있단다.

"인간이 자연보다 완전하고 순수하게 사랑할 수 있는 것은 없다."

노르웨이의 자연을 웅장하고 화려한 선율로 그려 낸 그리그가 음악을 감상하는 모습(왼쪽)과 지팡이를 짚은 그리그의 동상(오른쪽)이다.

위험을 두려워하지 않는 도전과 탐험 정신

먼 옛날 거친 바다를 넘어 모험을 떠난 바이킹의 도전과 탐험 정신은 오늘날의 스칸디나비아 사람들한테도 살아 있단다. 또 스칸디나비아 사람들은 바이킹의 뛰어난 조선 기술과 항해술도 물려받아 발전시켰어. 그래서 스칸디나비아에는 세계적으로 유명한 탐험가가 많단다. 스칸디나비아의 탐험가들은 사람의 발길이 닿지 않은 얼음 대륙 북극과 남극을 찾아갔고, 사라진 역사를 찾아 사막이나 바다를 가로지르기도 했어. 목숨을 걸고 세계 곳곳을 탐험한 용감한 사람들의 발자취를 따라가 볼까?

극지 탐험 역사에 큰 발자취를 남기다

그린란드 횡단에 나설 무렵의 난센 모습이다.

"스물일곱 살의 젊은 탐험가, 그린란드 횡단에 성공하다!"

1889년 5월, 노르웨이의 수도 오슬로가 떠들썩했어. 얼음 대륙 그린란드를 처음으로 걸어서 횡단한 난센의 환영 행사가 열렸거든. 난센은 하루아침에 노르웨이의 영웅이 되었지.

난센은 그 뒤 1893년부터 삼 년 동안 직접 설계한 프람 호를 타고 북극 탐험에 나섰어. 프람은 노르웨이 어로 '전진'이라는 뜻이야. 난센은 아마 '다른 그 어떤 배보다 먼저 북쪽으로 전진하겠다.'는 꿈을 품고 배 이름을 프람으로 지었겠지?

 탐험에 나선 난센이 도달한 북위 86도 14분 지점은 그때까지 인간의 발길이 닿은 곳 가운데 지구 가장 북쪽 지점이었어. 난센은 여기에 그치지 않고 1910년부터 사 년 동안 북대서양, 북극해, 시베리아 탐험에도 참가했단다.

 난센은 탐험가일 뿐 아니라 뛰어난 학자이기도 해. 그는 『그린란드 최초의 횡단』과 『에스키모의 생활』이라는 책을 썼어. 또 『극북』, 『노르웨이의 북극 탐험』 등을 남겼단다. 난센의 책은 북극을 연구하는 데 꼭 필요한 자료가 되었지.

난센의 그린란드 횡단 장면이다. 난센은 그린란드 횡단에 성공해 스웨덴의 지배에서 벗어나 독립을 이루려는 노르웨이 국민한테 큰 희망과 용기를 주었다.

국제 연맹
제1차 세계 대전 이후 연합국이 만든 국제 평화 기구이다. 본부는 스위스 제네바에 두고 세계 평화에 크게 공헌하였으나, 1945년 국제 연합의 창설로 1946년에 해체하였다.

스콧
영국의 탐험가이다. 1910년 탐험대를 이끌고 두 번째 남극 탐험에 나서 1912년 1월 18일에 남극점에 도달했지만, 아문센이 이미 남극점에 도착한 뒤였다. 그 뒤 스콧과 일행 네 명은 돌아오는 길에 식량 부족과 심한 눈보라로 모두 죽고 말았다.

비단길
중국 한나라 때 만들어진 무역로이다. 중국에서부터 중앙아시아, 서아시아를 거쳐 이스탄불과 로마까지 이어진다. 이 길로 주로 중국의 비단이 수출되어서 비단길이라고 부른다. 전체 길이는 6,400킬로미터이다.

그런가 하면 난센은 정치가이자 인권 운동가로 크게 활약했어. 노르웨이가 독립운동을 벌일 때, 난센은 "한 민족의 자유를 억압하는 동맹은 어떤 것이라도 위험하다."고 말하면서 다른 나라들에게 노르웨이의 독립을 지지해 달라고 호소했어.

마침내 노르웨이의 독립이 눈앞에 다가왔어. 그런데 왕정을 택할지 공화정을 택할지를 놓고 국민의 의견이 양쪽으로 나뉘고 말았어. 그중 공화정을 지지하는 사람들은 난센이 노르웨이의 첫 대통령이 되어야 한다고 주장했지.

하지만 난센은 왕을 세우자는 주장을 받아들이고 다른 사람들을 설득했어. 그 덕분에 노르웨이는 독립 후에 큰 갈등을 겪지 않고 튼튼한 새 국가를 만들어 갈 수 있었단다.

노르웨이가 독립한 뒤, 난센은 노르웨이 대표로 *국제 연맹에 참가했어. 난센은 전쟁 포로 문제를 원만하게 해결하고 난민을 구제하는 일에 힘써 1922년 노벨 평화상을 받았어.

한편, 난센을 보면서 어릴 때부터 탐험가의 꿈을 키운 사람이 있어. 바로 아문센이야. 아문센은 난센의 프람 호를 빌려 남극 탐험에 나섰단다.

이때 아문센은 영국의 *스콧 탐험대와 남극점에 먼저 도착하기 위해 치열한

남극 탐험을 떠날 때 사람들을 속인 아문센

아문센은 오랫동안 북극 탐험을 준비했어. 난센한테 프람 호를 물려받았고, 노르웨이 국왕의 지원도 받았지. 그런데 아문센이 북극 탐험을 준비하는 동안 1909년 미국인 피어리가 먼저 북극점에 도착했지 뭐야. 아문센은 목표를 남극으로 바꾸었어. 하지만 북극을 포기하고 남극을 탐험하겠다고 하면 그동안 지원해 준 사람들이 반대할까 봐 걱정이었지. 그래서 아문센은 아무한테도 남극 탐험 계획을 말하지 않았단다. 프람 호를 타고 같이 탐험에 나선 선원들도 1910년 6월 노르웨이를 떠나 아프리카 서쪽까지 가서야 아문센한테 자신들이 남극에 가고 있다는 고백을 들었다는구나.

경쟁을 벌였는데, 아문센이 먼저 남극점에 깃발을 꽂는 데 성공했지. 그 뒤 아문센은 비행기로 북극 탐험에 나섰어. 그런데 조난당한 다른 탐험가를 구하러 나갔다가 목숨을 잃고 말았단다.

과감한 도전 정신으로 고대의 비밀을 파헤치다

"아, 드디어 찾았다!"

모래로 뒤덮인 중앙아시아 사막 어느 허름한 유적지에서 감격에 겨운 목소리로 외치는 한 사람이 있었어. 바로 아주 오래전에 사라진 *비단길의 고대 도시를 찾아 헤맨 스웨덴의 탐험가 스벤 헤딘이야.

헤딘은 다른 사람이 엄두조차 내지 못했던 파미르 고원과 타클라마칸 사막

누란
중앙아시아의 타클라마칸 사막 동쪽 끝에 있던 고대 왕국이다. 기원전 2세기 무렵 세워졌고, 비단길의 무역 도시로 번영을 누리다가 6세기 무렵 망한 것으로 알려졌다.

을 횡단하며 중앙아시아 서쪽 지방을 탐험하고, 최초로 비단길의 역사를 유럽에 소개했어.

1865년 스톡홀름에서 태어난 헤딘은 어릴 때부터 탐험가가 되겠다는 꿈을 꾸었지. 그리고 지리학, 동물학, 물리학, 스케치 등을 공부하면서 훌륭한 탐험가가 될 준비를 했단다.

헤딘은 스물한 살 때 페르시아와 메소포타미아 지역 답사를 시작해서 40년 동안 중앙아시아 탐험을 계속했어. 헤딘은 티베트의 지형과 히말라야 산맥의 지세를 확인했고, 타림 분지 동쪽에 있는 로프노르 호수가 1,600년을 주기로 이동한다는 사실을 밝혀냈어. 또 사라진 고대 도시 국가 *누란도 발견했단다.

이런 헤딘의 업적은 목숨을 건 모험의 결과였어. 헤딘은 산소 호흡기 없이 히말라야 산맥을 오르고, 영하 30도와 영상 40도의 기후를 견디면서 여러 차례 죽을 고비를 넘겼지. 또 티베트에서 포로로 잡힌 적도 있고, 강도와 들짐승의 공격을 받은 일은 셀 수도 없이 많았단다.

헤딘은 낙타를 타고 사막을 다니면서 낙타의 걸음을 기준으로 탐사 지역의 지도를 만들었어. 헤딘의 지도는 아주 정확해서 오늘날 인공위성으로 촬영한 사진과 견주어도 손색이 없을 정도야.

그런데 이 지도가 중앙아시아에 비극을 불러올 줄 누가 알았겠어? 서양의 많은 탐험가가 헤딘의 지도를 따라서 중앙아시아로 몰려들어 비단길의 유물을 약탈했으니 말이야.

헤딘이 사막에서 길을 찾았다면, 스웨덴의 인류학자 토르 헤위에르달은 바다에서 길을 찾았어. 1946년 헤위에르달은 한 회의에서 믿기 어려운 주장을 펼쳤어.

"태평양의 폴리네시아 문화는 페루에서 바다를 건너간 사람들이 이룬 것이다."

사람들은 8,000킬로미터나 되는 바닷길을 뗏목으로 갈 수 없다며 헤위에르달을 비웃었지. 헤위에르달은 직접 옛날 사람들처럼 뗏목을 타고 페루에서 폴리네시아로 가기로 마음먹었어. 멀고 험한 남태평양을 뗏목으로 항해하는 것은 목숨을 걸어야 하는 일이었는데 말이야. 모두 바보 같은 짓이

1929년 11월 비단길 탐사에 나선 헤딘이다.
헤딘은 20여 년 동안 비단길 유적을 찾아 중앙아시아를 누볐다.

라며 손가락질했지만, 1947년 4월 헤위에르달은 친구 여섯 명과 함께 뗏목으로 만든 콘티키 호를 타고 출발했지. 그리고 태평양을 흐르는 해류를 타고 100일 만에 폴리네시아 섬에 무사히 도착하는 데 성공했단다.

그 뒤로도 헤위에르달은 이집트 문명이 멕시코 동부 해안 지대로 전파되었다는 것을 증명하려고 1967년에 갈대로 만든 뗏목을 타고 이집트에서 멕시

콘티키 호이다. 헤위에르달이 태평양 항해 때 탄 배로, 노르웨이 콘티키 박물관에 전시되어 있다.

코까지 항해했지. 또 1973년에는 메소포타미아 문명이 인도 해를 통해 인더스 문명에 영향을 미쳤다는 것을 증명하려고 갈대 배를 타고 걸프 만과 인도양을 항해했단다.

　옛날과 똑같은 환경, 도구와 방법으로 문화 이동 경로를 증명해 역사를 연구하는 방법으로 헤위에르달은 고대 역사 연구의 새로운 가능성을 열었어.

헤위에르달은 뗏목으로 만든 콘티키 호를 타고 페루에서 폴리네시아 섬까지 태평양 해류를 따라 항해하는 데 성공했다.

실용성에 바탕을 둔 창조 정신

스칸디나비아는 아름답지만, 사람이 살기에는 그다지 좋은 곳이 아니란다. 날씨가 추운데다가 햇볕도 적어서 농사짓기가 어렵지. 그렇다고 다른 자원이 풍부한 것도 아니야. 스칸디나비아 사람들은 이런 악조건에 맞서 자신들이 가진 자원을 최대한 활용하려고 갖가지 방법을 개발했어. 이들의 창조 정신은 가난했던 스칸디나비아 나라들이 20세기에 부자 나라로 커 가게 한 밑바탕이 되었단다.

기초 과학 발전에 큰 공을 세우다

물이 섭씨 0도에서 얼고 100도에서 끓는 것은 알고 있지? 그럼 물 온도에 맞춰 온도계를 만든 사람은 누구일까? 스웨덴의 과학자 셀시우스란다. 흔히 온도를 말할 때 '섭씨 몇 도'라고 표현하지? 여기서 섭씨는 셀시우스를 한자식으로 표현한 거야.

셀시우스는 스웨덴에 처음으로 천문대를 세운 천문학자이기도 해. 또 지구가 완전한 공 모양이 아니라 적도 지방은 부풀어 있고 남극과 북극은 더 평평하다는 이론을 실제로 입증하기도 했단다. 그 밖에 오로라가 나침반 바늘에 미치는 영향을 알아내는 등 많은 연구를 한 세계적인 학자였어.

스웨덴의 또 다른 과학자 린네는 생물 분

린네 초상화이다. 식물학 발전에 큰 공을 세웠다.

류법을 만들어 냈단다. 사람을 포유류라고 하는 것 들어 봤지?

생물 분류법에 따라 사람을 분류하면, '동물 계—척추동물 문—포유 강—영장 목—사람 과—사람 속—사람 종'이란다. 이 분류법을 만들어 낸 사람이 바로 린네야.

린네는 '꼬마 식물학자'라는 별명을 가질 정도로 어려서부터 꽃을 좋아했대. 자라서는 웁살라 대학에서 식물을 연구했지. 그때 린네는 방방곡곡을 답사하면서 스웨덴의 식물을 조사했단다. 그리고 의회의 부탁을 받아 각 지방의 산업과 자원도 조사했어. 정부가 산업을 개발하려고 부탁한 일이 결과적으로 세계적인 식물학자의 연구에도 큰 도움을 준 셈이지.

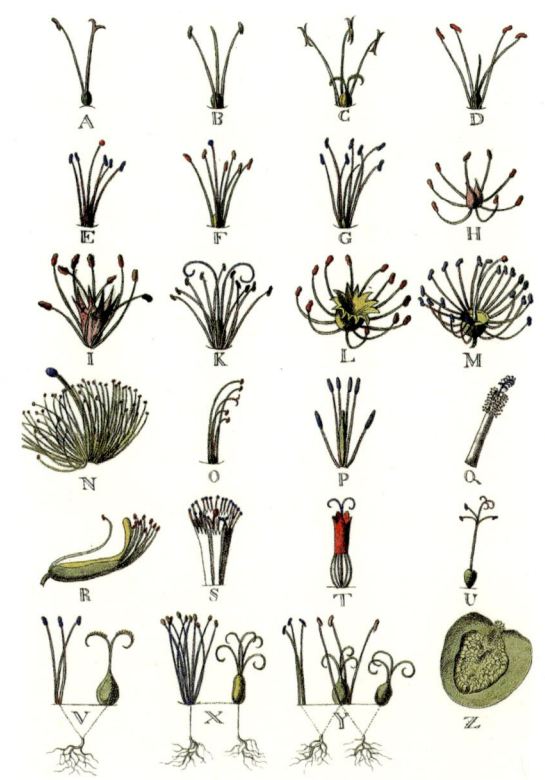

린네가 1736년에 펴낸 책 『자연의 체계』에 실린 그림이다.

그 무렵 많은 나라가 세계적 학자인 린네를 자기 나라로 데려가고 싶어 했어. 하지만 린네는 스웨덴을 떠나지 않았고, 스웨덴 정부로부터 여러 가지 업적을 인정받아 귀족 작위를 받았단다.

세상의 모습을 바꾸다

"내 공장들이 부인의 의회보다 더 빨리 전쟁을 없앨 것입니다. 싸우는 두 군대가 순식간에 상대방을 몰살시켜 버릴 수 있다는 것을 알면 모든 문명국이 전쟁을 삼가고 군대를 해산하지 않겠습니까?"

다이너마이트를 발명한 노벨이 19세기 말 평화 운동을 벌이는 한 여성한테 보낸 편지의 일부분이란다. 노벨이 만약 자신이 죽고 난 뒤 일어난 두 차례의 세계 대전을 보았다면 어떤 생각을 했을까?

의자에 앉아 생각에 잠겨 있는 노벨(왼쪽)과 배에서 실험을 거듭하는 모습(오른쪽)이다. 노벨은 여러 차례의 실패에도 포기하지 않고 연구를 거듭해 다이너마이트를 만드는 데 성공했다.

스칸디나비아 과학자 가운데 가장 유명한 사람은 아마 노벨일 거야. 발명가로도 잘 알려졌지만, 노벨상을 만들어서 더욱 유명해졌지. 그런데 노벨은 왜 다이너마이트를 만들었을까?

노벨이 살던 시기는 산업 혁명으로 세계의 모습이 변하던 때야. 곳곳에 세워진 공장에서 많은 물건이 만들어지고, 그 물건이 전 세계로 팔려 나갔지. 산업이 발전하면서 더 많은 공장을 짓고, 물건을 옮길 도로도 만들어야 했어. 또 공장의 기계나 기차를 움직이려면 석탄이 있어야 하고, 기계나 기차를 만드는 철도 많이 필요하단다.

하지만 사람의 힘만으로 땅을 파고 돌을 깨는 것은 무척 힘들어. 그래서 길을 만들고 땅을 팔 때 화약을 썼는데 이때까지 쓰던 화약은 힘이 약했어.

이 무렵 *나이트로글리세린이라는 강한 액체 화약이 새로 나왔지만, 약간의 충격에도 폭발하는가 하면 어떤 때는 불을 붙여도 폭발하지 않는 등 몹시 위험하고 불안정했지.

노벨은 나이트로글리세린을 안전한 폭탄으로 만들려고 애썼어. 하지만 1864년 공장에서 폭발 사고가 나서 노벨의 막내아우 에밀을 비롯해 다섯 명이 목숨을 잃었단다. 사람들은 노벨을 '미치광이 과학자'라고 불렀고, 스웨덴 정부는 다시 공장을 지을 허가도 내주지 않았어. 그렇지만 노벨은 포기하지 않았단다. 공장을 세울 수 없게 된 노벨은 배 위에서 실험을 했대. 그렇게 노력한 끝에 노벨은 안전한 폭탄을 만드는 데 성공했어.

노벨은 자기가 만든 폭탄에 그리스 어로 '힘'이란 뜻을 지닌 다이너마이트

나이트로글리세린
1847년 이탈리아의 화학자 소브레로가 만든 액체 상태의 폭약이다. 글리세린에 진한 황산과 질산 혼합액을 넣고 수분을 없애 만든다.

라는 이름을 붙였단다. 그리고 다이너마이트는 전 세계로 불티나게 팔려 나가면서 세상의 모습을 엄청나게 바꾸었지.

현대 물리학의 기틀을 닦다

"20세기 물리학에서 보어의 업적은 아인슈타인 다음으로 꼽아야 한다."
덴마크가 낳은 20세기의 대표적인 과학자 닐스 보어에 대해 한 작가가 한

닐스 보어(왼쪽)와 닐스 보어의 원자 모델(오른쪽)이다. 닐스 보어는 원자 모델 연구로 1922년에 노벨 물리학상을 받았다.

말이야. 현대 물리학에서 아인슈타인이 차지하는 자리는 그 누구도 넘볼 수 없을 만큼 높지. 그런 아인슈타인과 1, 2위 자리를 겨룬 보어는 어떤 업적을 남겼을까?

> **원자**
> 물질을 이루는 가장 기본적인 알갱이를 가리킨다. 원자라는 말은 그리스 어로 '더는 쪼갤 수 없다.'는 뜻을 가진 atomos에서 비롯되었다.

보어는 열아홉 살 때 이미 뛰어난 논문으로 덴마크 학술원에서 금상을 받으면서 유명 인사가 되었어. 그런데 보어는 판에 박힌 공부보다 스스로 생각하면서 새로운 방법을 찾아내는 것을 좋아했단다.

대학생일 때 '기압계를 사용해 고층 건물 높이를 재는 방법'을 묻는 시험 문제가 나왔대. 보어는 "건물 옥상에 올라가 기압계에 줄을 매달아 떨어뜨린 다음 줄의 길이를 잰다."고 답을 썼단다.

교수가 물리학 지식을 이용해 답을 쓰라고 하자 이번에는 기압계를 옥상에서 떨어뜨린 다음 시간을 재면, $\{\frac{1}{2} \times (중력\ 가속도) \times (낙하\ 시간)^2\}$이 건물의 높이라고 답했지.

감탄한 교수가 다른 방법이 또 있느냐고 묻자 새로운 방법을 다섯 가지나 이야기했다는구나. 하지만 보어가 가장 좋아한 답은 "기압계를 건물 관리인한테 선물로 주고 설계도를 얻는다."였대.

과학자로서 보어의 가장 큰 업적은 *원자의 구조를 밝히고 원자 에너지에 대한 새로운 이론을 세운 거야. 이 무렵의 어느 과학자도 상상하지 못한 보어의 이론이 증명되자 전 세계에서 '위대한 업적'이라는 찬사가 쏟아졌어.

현대 물리학을 이끄는 학자가 된 보어는 곧 코펜하겐 대학의 교수가 되었고, 코펜하겐 대학은 보어의 연구를 지원하기 위해 이론 물리 연구소를 새로 만들었단다. 그리고 보어의 연구소는 현대 물리학 발전의 중심이 되었어.

제2차 세계 대전 중에 보어는 독일을 이기려면 원자 폭탄이 필요하다고 인정했어. 하지만 보어는 핵무기의 위험성을 누구보다 잘 알았지.

그래서 핵무기 문제를 국제 사회가 협력해서 다루자고 호소했고, 전쟁 후에도 원자력을 평화적으로 이용하는 일에 많은 힘을 기울였단다.

죽음의 상인이 인류의 발전과 세계 평화를 꿈꾸며 만든 노벨상

 정보 돋보기

오랜 연구 끝에 다이너마이트를 만든 노벨은 행복했을까? 노벨이 만든 다이너마이트는 전 세계 광산과 철도 공사장에 날개 돋친 듯이 팔려 나갔어. 노벨은 엄청난 돈을 벌어 부자가 되었지.

하지만 다이너마이트는 전쟁이나 테러에 쓰이기도 했어. 다이너마이트 때문에 많은 사람이 죽고 다쳤단다. 노벨은 사람들을 편하게 하려고 만든 다이너마이트가 많은 사람을 해치는 것을 보며 마음이 아팠어.

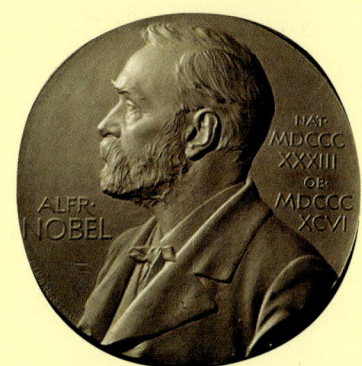

노벨의 얼굴이 새겨진 노벨상 메달이다.

그러다가 1888년에 노벨의 형 루드비그가 죽었어. 그런데 프랑스의 한 신문 기자가 노벨이 죽은 것으로 착각했지 뭐야. 그래서 그날 신문에 '죽음의 상인, 사망하다'라는 제목과 함께 '사람을 더 많이, 더 빨리 죽이는 방법을 개발해 부자가 된 인물'이 죽었다는 기사가 실렸어.

이 기사를 본 노벨은 큰 충격을 받았대. 그 뒤 노벨은 다이너마이트로 번 엄청난 재산을 인류의 발전과 평화를 위해서 쓰려고 마음먹었단다. 노벨은 자기 재산으로 해마다 물리학, 화학, 생리학 및 의학, 문학, 평화 이렇게 다섯 부문에 공헌이 있는 사람한테 상과 상금을 주라는 유언장을 만들었어.

그렇게 노벨상이 만들어졌고, 인류의 평화와 과학의 발전을 바라는 마음을 담은 노벨상은 세계에서 가장 권위 있는 상이 되었단다. 노벨상은 노벨의 유언에 따라 국적에 상관없이, 또 남자, 여자 구별 없이 가장 큰 공을 세운 사람한테 주는 것을 원칙으로 삼았어.

노벨상은 1901년 노벨이 세상을 떠난 지 오 년째 되는 해부터 주기 시작했어. 시상식은 노벨이 사망한 날짜에 맞춰 매년 12월 10일에 스웨덴의 수도 스톡홀름에서 열리지. 그런데 다른 상과 달리 평화상은 스웨덴이 아니라 노르웨이에서 시상식을 한단다.

그 까닭은 노벨이 평화상에 관한 결정을 노르웨이 국회가 임명하는 위원회에 맡긴다고 정했기 때문이야. 노벨이 살아 있을 때 스웨덴과 노르웨이는 같은 연합 국가로 묶여 있었거든. 노벨은 어쩌면 평화상의 관리를 노르웨이에 맡기면서 두 나라 사이의 영원한 평화를 바랐는지도 몰라.

Q&A 역사 속 뒷이야기

1. 「페르 귄트」를 같이 만든 입센과 그리그는 사이가 좋았을까?

❶ 입센과 그리그는 로마 여행에서 우연히 처음 만났대. 그리그의 명성을 알고 있던 입센이 그리그한테 자신의 희곡 「페르 귄트」의 배경 음악을 작곡해 달라고 부탁했지. 그리그는 자신의 음악이 연극에 맞지 않다고 생각했지만, 입센의 간곡한 부탁을 거절하지 못했어. 그런데 작업 과정에서 그리그와 입센은 의견이 맞지 않아 자주 다투었고, 결국 서로 연락을 끊었대. 어쨌든 연극은 계획대로 무대에 올렸지만, 입센과 그리그 둘 다 아무 기대도 하지 않았어. 그래서 첫 공연에 나타나지도 않았지. 하지만 예상과 달리 공연은 대성공을 거두었단다.

2. 스웨덴의 '아스트리드 법'은 어떤 법일까?

❷ 아스트리드 린드그렌은 아이들이 살기 좋은 세상을 만들기 위해 노력했을 뿐 아니라 동물 보호에서도 많은 활동을 했단다. 특히 동물을 대량으로 사육하면서 학대하는 것을 비판했지. 린드그렌의 활동은 스웨덴에서 동물 보호에 대한 새로운 인식을 키웠어. 1988년 스웨덴은 새로운 동물 보호법을 만들었는데, 동물 보호에 앞장선 린드그렌을 기려서 이 법을 '아스트리드 법'이라고 부른단다.

3. 시벨리우스가 가장 싫어한 것은?

❸ 시벨리우스는 시끄러운 것을 참지 못했대. 자연의 바람 소리, 파도 소리는 무척 좋아했지만, 길에서 나는 소음이나 공사하는 소리, 사람들이 내는 소음은 아주 싫어했다는구나. 시벨리우스 집에서 허락된 유일한 소리는 시벨리우스 곡을 연주하는 음반을 틀어 놓는 것뿐이라는 이야기가 있을 정도야. 시벨리우스가 집에 있을 때에는 집의 배관 공사를 못하는 것은 당연하고, 시벨리우스가 딸들한테 피아노를 안 가르친 까닭도 소음을 참지 못했기 때문이라는 이야기도 있단다.

❹ 노벨 경제학상은 노벨상이 아니야. 노벨 경제학상의 공식 이름은 '알프레드 노벨 기념 스웨덴 은행 경제학상'이란다. 이 상은 스웨덴 국립 은행 창립 300주년 기념사업으로 만들어졌어. 수상자는 노벨 기금과 별도로 스웨덴 왕립 과학 아카데미에서 선출한단다.

4.
노벨 경제학상은 노벨상일까 아닐까?

❺ 햄릿은 셰익스피어가 희곡을 쓰기 수백 년 전부터 덴마크의 전설에 나오는 왕자야. 라틴어로 덴마크의 전설을 엮은 『덴마크 연대기』라는 책이 있는데, 여기에 나오는 암레트 왕자의 이야기가 햄릿의 이야기와 거의 비슷하지. 셰익스피어는 이런 책에서 햄릿의 이야기를 따와서 희곡으로 만든 거야.

5.
셰익스피어의 작품 「햄릿」의 주인공은 실제 인물일까?

❻ 2004년 8월 뭉크 미술관에 무장 강도가 들어와서 세계에서 가장 유명한 그림으로 손꼽히는 뭉크의 대표작 「절규」와 「마돈나」를 가지고 달아났어. 이 그림들은 약 2년 만에 되찾았는데, 도둑맞은 2년 동안에도 「절규」와 「마돈나」는 여전히 뭉크 미술관에 전시되어 있었단다. 어떻게 된 일까?
뭉크는 「절규」와 「마돈나」를 모두 4점씩 그렸어. 그래서 미술관은 하나의 작품을 잃어버린 동안에도 여전히 뭉크가 직접 그린 「절규」와 「마돈나」를 전시할 수 있었지.

6.
도둑맞은 뭉크의 그림이 어떻게 계속 미술관에 걸려 있었을까?

연표로 보는 북유럽의 역사

1부 : 기원전 10000~기원후 1200년

기원전 1만 년쯤 사람이 스칸디나비아에 살기 시작하다.
기원전 202년 한이 세워지다.
기원전 27년 로마에서 제정이 시작되다.
1세기쯤 로마와 교역하다.
375년 게르만 족의 대이동이 시작되다.
476년 서로마 제국이 멸망하다.
486년 프랑크 왕국이 세워지다.
500년 스칸디나비아 반도에서 유틀란트 반도로 사람들이 건너가다.
610년 무함마드가 메카에서 이슬람교를 창시하다.
612년 고구려가 살수 대첩을 거두다.
618년 당이 세워지다.
676년 신라가 삼국을 통일하다.
690년 영국 선교사들이 덴마크에 들어가다.
771년 샤를마뉴가 프랑크 왕국을 통일하다.
793년 린디스판 섬을 공격하다.
800년 샤를마뉴가 서로마 제국 황제의 관을 받다.
810년 데인 족이 프랑크 왕국 해안을 공격하다.
828년 장보고가 청해진을 설치하다.
829년 잉글랜드 왕국이 세워지다.
843년 프랑크 왕국이 분열하다.
850년 하랄 왕이 노르웨이를 하나로 통일하다.(~70년)
861년 바이킹이 파리를 약탈하다.
874년 바이킹이 아이슬란드에 정착하다.

885년 금발왕 하랄이 노르웨이 대부분을 통합하다.
8세기 초쯤 롱십을 개발하다.
907년 루스가 바다로 콘스탄티노플을 공격하다.
907년 당이 멸망하다.
910년 하랄 1세가 덴마크를 통일하다.
911년 롤로가 프랑크 왕국 노르망디 공이 되다.
930년 아이슬란드 정착자들이 나라를 세우다.
936년 고려가 후삼국을 통일하다.
960년 송이 세워지다.
962년 오토 1세가 신성 로마 제국 황제가 되다.
982년 붉은 수염 에리크가 그린란드를 발견하다.
986년 아이슬란드에서 사람들이 그린란드에 건너가 정착촌을 만들다.
1000년 스벤 1세가 덴마크의 왕이 되다.
1000년쯤 레이브 에릭손이 북아메리카를 발견하다.
1013년 스벤 1세가 영국을 정복하다.
1015년 울라프 2세가 노르웨이의 새 왕이 되다.
1019년 고려가 귀주 대첩을 거두다.
1028년 크누트 왕이 덴마크, 영국, 노르웨이를 함께 다스리다.
1054년 스웨덴과 덴마크 국경이 정해지다.
1096년 십자군 전쟁이 시작되다.
1196년 최충헌이 권력을 쥐다.

2부 : 1200년~

1206년 칭기즈 칸이 몽골 제국을 세우다.
1241년 한자 동맹이 만들어지다.
1262년 노르웨이가 그린란드와 아이슬란드를 차지하다.
1270년 삼별초가 몽고 항쟁을 시작하다.
1293년 스웨덴이 핀란드를 정복하다.
1368년 명이 세워지다.
1392년 조선이 세워지다.
1397년 덴마크, 스웨덴, 노르웨이가 칼마르 동맹을 맺다.
1443년 훈민정음을 만들다.
1453년 비잔티움 제국이 멸망하다.
1492년 콜럼버스가 아메리카 항로를 발견하다.
1517년 루터가 종교 개혁 운동을 시작하다.
1523년 스웨덴이 칼마르 동맹에서 탈퇴하다.
1563년 덴마크와 스웨덴이 7년 전쟁을 벌이다. (~1570년)
1592년 조일 전쟁이 일어나다.
1611년 칼마르 전쟁이 일어나다. (~1613년)
1626년 덴마크가 30년 전쟁에서 승리를 거두다.
1634년 스웨덴이 최초의 헌법을 만들다.
1644년 청이 중국을 통일하다.
1700년 북방 전쟁이 일어나다.
1765년 와트가 증기 기관을 완성하다.
1789년 프랑스 혁명이 일어나다.
1804년 나폴레옹이 프랑스 황제가 되다.
1805년 스웨덴이 나폴레옹 전쟁에 참가하다. (~1810년)
1808년 스웨덴이 러시아에 핀란드를 빼앗기다.
1811년 홍경래의 난이 일어나다.
1814년 덴마크가 노르웨이를 스웨덴에 넘기다.
1844년 덴마크에서 첫 국민 대학이 세워지다.
1860년 북유럽 르네상스가 꽃피다. (~1900년)
1863년 링컨이 노예 해방을 선언하다.
1868년 메이지 유신이 일어나다.
1884년 갑신정변이 일어나다.
1894년 갑오농민 전쟁과 갑오개혁이 일어나다.
1901년 첫 번째 노벨상 시상식이 열리다.
1905년 노르웨이가 독립을 선언하다.
1909년 스웨덴에서 남자 보통 선거제를 실시하다.
1911년 신해혁명이 일어나다.
1914년 제1차 세계 대전이 일어나다. (~1918년)
1918년 노르웨이에서 여성 참정권을 인정하다.
1918년 핀란드가 독립을 선언하다.
1919년 삼일 운동이 일어나다.
1939년 제2차 세계 대전이 일어나다. (~1945년)
1946년 스웨덴이 국제연합에 가입하다.
1948년 대한민국이 수립되다.
1949년 덴마크, 노르웨이가 NATO에 가입하다.
1950년 한국 전쟁이 일어나다. (~1953년)
1960년대 노르웨이에서 북해 유전이 발견되다.
1980년 아이슬란드가 세계 첫 여성 대통령을 뽑다.
1980년 오일팔 광주 민주화 운동이 일어나다.
1986년 스웨덴의 팔메 총리가 암살당하다.
1995년 스웨덴이 유럽 연합(EU)에 가입하다.
1992년 소련이 해체되다.
2000년 첫 남북 정상 회담이 열리다.
2001년 스웨덴이 유럽 연합(EU) 의장국이 되다.
2003년 이라크 전쟁이 일어나다.

• 검은색은 북유럽사, 갈색은 세계사, 파란색은 한국사

찾아보기

ㄱ

가톨릭교회 101
고흐 162
공산주의 119
구스타브 1세 101, 102
구스타브 2세 102
구스타브 바사 98
구스타브 비겔란 162~164
국가 사회주의 150
국민 고등학교 141
국제 연맹 170
국제 학업 성취도 평가 125
그룬트비 113, 139~141
그리그 118, 166, 167
그린란드 30, 37~40, 168
기사 제도 47
기욤 2세 32
『긴 양말을 신은 삐삐』 156, 157

ㄴ

나이트로글리세린 179
나치당 162
나폴레옹 106, 112
난센 168~170
『내 인생의 동화』 152
냉전 시대 121
네덜란드 25
노르만 12, 31, 33
노르망디 30
노르망디 공국 31, 32, 43, 48
노르웨이 11, 35, 38, 43~46, 94
노벨 178~180

노벨상 157, 179, 183
노브고로드 26, 30
노섬브리아 18
노예 무역 45
농노 105
누란 172
눈신 63
뉴펀들랜드 39
니콜라이 2세 116
닐슨 보어 180
『닐스의 신기한 여행』 154, 155

ㄷ

다이너마이트 178~180
달가스 113, 141, 142
대공황 112, 119
데인 족 24, 27, 30, 43, 45
덴마크 11, 43~46, 92~96, 106, 112~115, 119~121, 139~142, 153, 180
동프랑크 왕국 43
드네프르 강 25

ㄹ

라게를뢰프 155
라그나뢰크 86
라틴 어 72
러시아 12, 103, 108, 141
레이브 33, 38
레이캬비크 35
로댕 162
로키 81
루터 82

롤로 30
롱십 15, 16
롱하우스 55~58
뢴로트 108
루스 25~29, 48
룬 문자 66
리그 신 66
리넨 61
린네 176
린드그렌 156, 157
린드스판 16

ㅁ

마르그레테 95
마티스 162
만네르헤임 119, 143, 144
말괄량이 삐삐 158, 159
메소포타미아 172
「모노리텐」 164
뭉크 161
『미운 오리 새끼』 154

ㅂ

바랑 근위대 28
바사 호 111
바이킹 10, 14, 16, 18~20, 23~38, 40
발데르 82
발데마르 1세 93
발렌베리 147
발키리 85
발트 해 25, 47, 94, 103
발할라 궁전 85

백해 79
벌꿀 술 72
베트남 전쟁 150, 151
복지 제도 112
볼가 강 25
볼가르 26, 29
봉건제 47
부다페스트 148
부르고뉴 23
북극 168
북방 전쟁 104
북방의 사자 98
북해 11~14, 46
뷔페 51
브로치 61
브리튼 섬 12, 14, 16, 18
비단길 171, 172
비르카 74
비잔티움 제국 20, 26~28, 44, 78
빈란드 39
뽈잔 60

ⓢ
사가 72
사회 보장 제도 120, 134
산업 혁명 179
새마을 운동 142
색슨 족 21, 45
생물 분류법 177
샤를 2세 47
샤를 3세 30, 31
샤를마뉴 18, 22
서프랑크 30, 48, 51
『성냥팔이 소녀』 154
세미라미스 97

세잔 162
센 강 23
셀시우스 176
소련 121, 144
수호 성인 44
슐레스비히 112, 113
스롤 66~68
스벤 헤딘 171
스벤 1세 45
스웨덴 11, 25, 44, 46, 92, 94~99, 101~104, 117~120, 122, 147~150
스칸디나비아 10~14
스칼드 72
스콧 170
스탈린 144
스톡홀름 99, 101, 111, 149
슬라브 25, 26
시벨리우스 117, 164~166
시칠리아 30
신성 로마 제국 93~96
싱 37, 50

ⓞ
아돌프 아르비드손 108
『아라비안나이트』 153
아랍 29, 74
아문센 170, 171
아우슈비츠 148
아이슬란드 30, 34~38, 44, 50, 70, 93
아인슈타인 180, 181
아일랜드 12, 21, 48
안데르센 152~154
알렉산드르 3세 116
알싱 37, 50, 69, 70~72

앨프레드 왕 21
앵글 족 21
야를 66~68
에리크 97
에이츠볼 107, 108
영국 16, 20, 27, 32, 43, 45~48
영주 23, 31, 47, 66
오딘 72, 81, 82, 84, 86, 87
오슬로 163, 164, 168
오트빌 33
올로프 팔메 149
올로프의 유산 149
외드 48
용병 28, 33
울라프 2세 44
원자 181
원자력 182
웨식스 21
윌리엄 1세 32, 47
유대교 33
유대인 146~148
유틀란트 반도 11, 12, 20, 134
이븐 파들란 29
이슬람 제국 26, 78
이슬람교 33
이탈리아 30, 33
인골푸르 34, 35
『인어공주』 154
입센 118, 166

ⓙ
자치권 116
작위 48, 177
장자 상속제 101
「절규」 160~162

제1차 세계 대전 119
제2차 세계 대전 120, 121, 144, 156, 182
종교 개혁 운동 101
지중해 33, 48

㈃
카를 66, 67
『칼레발라』 108, 110
칼마르 동맹 96~98, 107
코펜하겐 93, 139, 153, 181
콘티키 호 174
콜럼버스 39
크누트 46
크리스트교 19, 32, 33, 37, 42~45, 72
키예프 26~28, 44, 48

㈅
토르 42, 81, 82, 84, 87
토르 헤위에르달 172
통나무배 26, 27
튜닉 61
티르 81

㈇
파리 22~24, 30, 48, 50, 162
페루 172, 173
「페르 귄트」 118, 166
페르시아 172
폴란드 102, 104
프람 호 168
프랑스 20, 25, 30, 47, 48, 106
프랑스 혁명 114
프랑크 왕국 16, 18~20, 22~25, 30~32, 43, 46, 66
프레이르 82~84, 87
프레이야 81~83
피오르 해안 11, 55
피카소 164
핀란드 12, 106, 108~110, 116, 117, 119~121, 144, 145, 164~166
핀란드 대공국 108
「핀란디아」 117, 165, 166

㈈
하랄 블로탄 43
한자 동맹 94~96
한증막 56
핵무기 182
헝가리 146~148
헤데비 77
협동조합 115
홀슈타인 112, 113
화덕 57
훈족 25
흑해 27
히틀러 121, 144, 161

사진 자료 사용에 협조해 주신 곳

12쪽 : 스칸디나비아 반도의 겨울 위성 사진(ⓒⓘⓞ NASA / Wikimedia Commons public domain)
54쪽 : 물 나르는 바이킹 여자(ⓒⓘⓞ Ökologix / Wikimedia Commons public domain)
56쪽 : 롱하우스(ⓒⓘⓞ Mercy / Wikimedia Commons public domain)
57쪽 : 롱하우스 내부(ⓒⓘⓞ Frank Vincentz / Wikimedia Commons public domain)
58쪽 : 바이킹 남자(ⓒⓘⓞ Wolfgang Sauber /Wikimedia Commons public domain)
62쪽 : 장작 패는 바이킹 남자(ⓒⓘⓞ Ökologix / Wikimedia Commons public domain)
71쪽 : 바이킹 전투 훈련(ⓒⓘⓞ Jakub Jankiewicz / Wikimedia Commons public domain)
73쪽 : 오딘을 새긴 메달(ⓒⓘⓞ bloodofox /Wikimedia Commons public domain)
75쪽 : 바이킹 도시의 집과 사람들(ⓒⓘⓞ Ökologix / Wikimedia Commons public domain)
90쪽 : 엘리엘 사리넨 조각(ⓒⓘⓞ Johannes Jansson / norden.org)
92쪽 : 북유럽 나라 국기들(ⓒⓘⓞ Johannes Jansson / norden.org)
111쪽 : 바사 호 복원 모형(ⓒⓘⓞ Tiia Monto / Wikimedia Commons public domain)
113쪽 : 그룬트비 기념관(ⓒⓘⓞ Hubertus / Wikimedia Commons public domain)
120쪽 : 핀란드 군인들(Unknown / Wikimedia Commons public domain)
124쪽 : 교실에서 공부하는 덴마크 학생들(Magnus Fröderberg / norden.org)
128-129쪽 : 시내의 스웨덴 시민들(Silje Bergum Kinsten / norden.org)
130쪽 : 성 평등 집회(Karin Beate Nøsterud / norden.org)
138쪽 : 그룬트비 동상(ⓒⓘⓞ Ib Rasmussen / Wikimedia Commons public domain)
144쪽 : 만네르헤임(Helmut Laxin / Wikimedia Commons public domain)
147쪽 : 라울 발렌베리 동판(ⓒⓘⓞ Harri Blomberg / Wikimedia Commons public domain)
161쪽 : 뭉크 조각 (ⓒⓘⓞ PHFoto / Wikimedia Commons public domain)
163쪽 : 비겔란 동상(ⓒⓘⓞ Arnonb16 / Wikimedia Commons public domain)
174쪽 : 콘티키 호(ⓒⓘⓞ Daderot / Wikimedia Commons public domain)

사진 제공
(주)유로포토 서비스, 브릿지먼(The Bridgeman Art Library), 유로포토, 탑포토(TopPhoto), 유로포토, AAA(Ancient Art & Architecture Collection), 유로포토, 파노라마(Panorama Stock Photo), (주)토픽포토에이전시, 코비스(Corbis), 레씽(Erich Lessing Cultur and Fine arts Arcives), Wikimedia Commons, 123RF

* 이 책에 사용한 사진 일부는 Wikimedia Commons public domain에 있는 것들입니다. 위쪽에 사진을 사용한 쪽 번호와 해당 사진의 원저작자를 표시했습니다.
* 허가를 받지 못한 일부 사진에 대해서는 저작권자가 확인되는 대로 게재 허락을 받고 사용료를 지불하겠습니다.

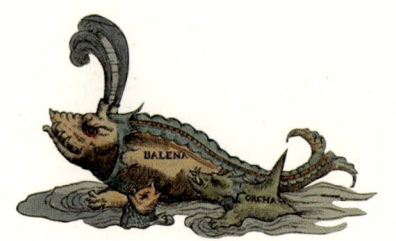